だからここにいる
自分を生きる女たち

島崎今日子

幻冬舎文庫

だからここにいる　自分を生きる女たち

contents

本文デザイン　緒方修一

女優 **安藤サクラ**

女優という運命について

撮影 瀬戸正人

撮影なし、他の取材もなしということで、その日、安藤《あんどう》サクラはリップも塗らない素顔で現れた。

「家でゴロゴロしている格好のまんま来ちゃいました。んふふふ。あ、これ、佑《たすく》のセーター。ちょっといいの買ったんです、無印で」

ホームセンターでゲットしたTシャツの上に、同業の夫、柄本《えもと》佑から拝借してきたカシミアのセーター。普段のサクラは古着や夫の服を愛用して、流行《はや》り物とは一味違うセンスのよさを際立たせる。化粧品にも興味がないようで、ポーチだけは買ったものの、中身は貰い物だとか。ヘアメイクのつかない仕事では、最寄り駅のドラッグストアのテスターで素早く化粧するのが習い。そう、映画『0・5ミリ』でサクラが演じた高齢社会の天使、押しかけヘルパーのサワがスーパーでマスカラを塗り、スカートの中にオーデコロンをふりかけたように。

映画監督の安藤桃子が祖母の介護体験をもとに実妹のサクラをイメージして小説を書き、映画化したこの作品は報知映画賞作品賞を受賞した。ヒロインのサワは正義感あふれるアウトローで、介護上手で料理上手な節約家。サクラの楽しみも、地元のスーパー・オオゼキで見切り品の山を探索することだ。

「でも、贅沢しようぜという日もありますよ」

そう言って、手をひらひらさせて愉快に語ったのは、京都で撮影中の夫との束の間のデートの模様。お昼に鰻の並を食べ、五時間悩んで夫に上着を買ってもらい、夜は友だちも誘って、お蕎麦屋さんで少食の夫婦が制限なしに食べて、飲んだ。

「最高の贅沢。それ、私が奢ったんですよ」

職業欄に女優と書けない
サクラなのか役なのか

話し上手なのに言葉には慎重で、何度か「誤解されるから」と話を打ち切ったサクラは、夫のこととなると饒舌になる。自称「家では可愛い奥さん」。ここ数年の間に数々の映画賞を受賞し、映画雑誌の人気投票で歴代の名だたる女優に交じってベスト入りした、当代でたった一人の女優である。主演した昨年十一月公開の『0・5ミリ』、十二月公開の武正晴監督『百円の恋』ともに、評論家は作品を讃《たた》え、この二十八歳の女優の演技に拍手喝采《かっさい》した。

一四年八月初旬。新宿・歌舞伎町にあるFACEに設営されたリングの上で、その『百円の恋』の撮影が行われていた。ひきこもりの三十二歳、一子が中年ボクサー狩野と出会い、やがてままならない日常を吹っ切るように自らリングに立つクライマックスシーン。サクラはトレーニングで鍛えた身体を一旦だらしないそれへとぶくぶくに太らせ、そこからササミとビタミン剤だけで耐えて、十日で試合に臨むボクサーの身体にまで絞った。その鮮やかな変身ぶりはそのままスクリーンに映し出されて観客のアドレナリンを分泌させるのだが、撮影前夜に施術を受けた柔道整復師の元女子プロレスラーは一目見るなり「明日、試合でしょ」と見抜いた。彼女はサクラを女優とは知らない。

「いつも職業欄に女優とは書けない。ちょっとした反発なの。それに映画のためだけど、こっちはプロのボクサーになるぐらいの心持ちなので」

二十時間かかった試合シーン。監督の武は、もうどうやって撮ったかを覚えていない。

「他の難しいシーンでも、彼女はスタッフみんなに自分の身体を見せまくり、使えるものは使おうって。だからどこから撮っても生っぽい。無理させたけど思った以上のものが撮れた。安藤サクラだから当然ですよね。監督冥利《みょうり》に尽きます」

低予算のインディーズ映画の宿命で、戦い終えた一子を狩野が待つラストシーンを、試合シーン撮影の二時間後に撮る予定であったが、サクラの疲労が激しくて二日後になった。狩野役の新井浩文は、そこでサクラの演技に思わずもらい泣きしたという。映画をこよなく愛する新井は、「現役女優で安藤サクラがナンバー1」と言い切った。

「どの作品でも、サクラが黙って立ってるだけでキューンと泣けてくる。この業界、良識も常識もあるんだけどどこか社会に交われない人がやる仕事なんですよ。うちも同じだけど、サクラも映画に愛され、映画に救われた一人だと思う」

映画人には、武や新井同様、サクラに対する絶対的な信頼と尊敬がある。某映画の撮影初日。ある人気俳優が彼女とのシーンを撮り終えると、「俺、安藤サクラと芝居してるんだね。忘れてた。このままじゃダメだ。立て直してきます」と言って帰ってゆき、翌日演技を変えた。俳優がそう言うのを聞いた越川道夫は、『俺たちに明日はないッス』『かぞくのくに』など四本の映画をサクラと作ってきたプロデューサーである。彼は「サクラなのか役なのか、ものすごい割合で混じっていて、それはうまいのともまた違う」と、その魅力を表現した。

「ただ歩いているだけのシーンでも、ビルから身を投げるように芝居する」

「いつ死んでもいい」校則を破りバイト生活

しかし、「いつ死んでもいい」という時限爆弾は演技者になるうんと前、小さなサクラの体内に既に装置されていた。静かな子どもなのにいきなりプールに飛び込んだり、本人曰《いわ》く「ピストルを頭に突きつけて生きてきた」。そんな少女の〝女優発見〟は五歳のとき、必然の出合いだった。

父は俳優の奥田瑛二、母はエッセイストの安藤和津《かづ》、四つ上には桃子がいて、安藤家には、「十歳までに人生の進路を決めろ」という父の教えがあった。末っ子のサクラには父が長男のように育てる姉用の言葉でしかなかったが、両親の「好きなことを見つけて一生やり通せ」という願いは体内で育まれ、幼稚園のときに父の出演する舞台を観に行き、ジャニス・ジョプリンの歌が爆音で流れた瞬間に「これだ！」と決めた。

「すべてが一体になったあのエネルギーに憧れたんですよ。自分のやりたいものだと確信した」

その憧れを言葉にすると女優になるのか、いまだ確信は持てない。が、学習院初等科二年のときに夢を口にして、級友に、「芸能一家だから」と思われたと感知するや心は閉じた。人が女優に抱くイメージが自分のそれとは違う華やかなものだと知って以来、人生最大の欲望は高校卒業時まで封印されることになる。

サクラが生まれた頃に、父はドラマでブレイク。家の雰囲気は父の演じる役柄でガラリと変わり、リビングは両親が酒場から連れ帰る種々雑多な人々で混沌としていた。大好きなフリフリの服は「アバンギャルドじゃない」と父に否定され、「カレーの王子さま」を食べたくとも赤ワイン入りのカレーを「美味しい」と押しつけられる。多才な父は絵も描き、母も勉強より感性を養う情操教育に熱心だった。平凡や普通からは遠い家であった。

幼いサクラはサザエさんやドラえもんの家庭に憧憬《しょうけい》を募らす一方で、絵を描くことや料理が大好き、ままごとをすれば雑草を泥でこねてごま和えにし、砕いたレンガを七味に見立ててふりかけ、リアルを追求するような子どもだった。このこだわりは『百円の恋』で自堕落な生活を体現するためにお尻をたるませ、体毛や口の周りの産毛を濃くしたのと相似形である。ちなみにサワと一子では箸の持ち方が違うのだが、そのことを訊ねると、彼女は「まあ、そうなりますよね」と笑った。

アーティスティックな家族に囲まれた末っ子は、長い間、自分を出来の悪い娘だと考えていた。学校で得意な科目はないし、自慢できるのは自分をお姫様のように溺愛《できあい》してくれる母方の祖母との強固な絆だけ。自分には他に何があるのか。

姉の桃子が絵を学ぶためにイギリスへ留学したのは一九九七年、サクラが小六のときだった。妹が生まれた瞬間、「サクラは私が守る」と自分に誓った桃子だったが、有名人の娘と見られる国でアイデンティティ・クライシスは極まっていた。現在、マルチな才能を発揮する三十二歳の桃子が、振り返る。

「小さなときから、私じゃないものがついて回っていると感じていました。今じゃそれも含めて私自身だとわかるけど、あのときは正当な評価を求めてた。それからのサクラは大変だったと思う」

深夜に両親のケンカを聞きながら、「離婚したらどっちについていく？」と二段ベッドで相談し合った姉は、その後九年不在であった。

サクラが中二になった頃、豊かな暮らしは一変する。父が映画を撮り始め、家からお金がみるみる消えた。同じ時期に祖母に脳腫瘍が見つかり、父のスキャンダルまで発覚して、お嬢様学校で居場所はなくなった。このどん詰まりの時期に、彼女は麻布十番のボクシングジムに一年通う。そこは父の嫌う『金八先生』やヤンキーの匂いがし、誰も自分のことは知らず、また両親も姉も級友たちも決して足を踏み入れることのない別世界であった。

「誰も知るはずもないところに行こうって。自分で見つけたことが何より大事だったんですよね」

ずっと支えてくれる親友と一緒に、地元のヤンキーと仲よくなってウンコ座りを学習し、サイドの内側の髪を剃り上げた。娘の髪を見て、「カッコいい、よくやったな」と言った父は、娘がそこに剃り込みを入れると、突き刺すような言葉を放った。

「お前は自分で抱えきれないストレスをそうして解消してるんだろう。ひねくれてもいいけど、だったら捩《ねじ》れて捩れて真っ直ぐに穴をあけるドリルになれ！」

校則を破り、中三のとき、六本木のジョナサンの厨房でバイトを始める。デリバリーのピザ屋にカフェバー、電機メーカーの派遣宣伝員。家族の知らない場所だ。深夜、バイト先から戻ると、両親が玄関先で待ち受けている。母は怒鳴る父を「あなたにこの子を叱る資格はない！」と制してから、娘の頰《ほお》を打った。そのときのことを和津は忘れない。

「繊細でどこで傷つくかわからないサクラに、私がはじめてネガティブな本音をぶつけた瞬間です」

自分を使い切りたい
「本能の決断」で結婚

「女優になりたい」気持ちを押し隠しながら、サクラの体験は続く。文章を書きまくり、高二の夏休みにはバックパックで石垣島を回った。だが、充足感は得られない。中身をまだ出し切れない。

「冷蔵庫を探る感覚と同じだなぁって。自分の持ってるものを使い切りたいんですよ。音楽やダンスとかの他の表現だとやれることがすごく制限されている感じがして、人間としての私を余すことなく使えるのはお芝居なのかなとずっと思ってた」

次女の秘めたる思いに見て見ぬふりをしてきた和津は、娘が泣きながら「女優になります」と宣言したとき、心底ほっとした。幼い頃から家族の出来事をじっと観察していた寡黙な娘は、学芸会で『夕鶴』のつうを演《や》っても、夫の舞台にお遊びで出ても驚くほどうまかった。だが、七光りを全身で拒絶する娘にしてやれることは多くない。オーディションがあると、カラオケ屋でデモテープを録り、駅前の証明写真機まで付きそった。

サクラが女優として認知されるのは、皮肉にも二〇〇七年公開の奥田瑛二監督作品『風の外側』からだ。主演女優が撮影開始直前に降板したための代役で、父娘とも「絶対嫌だ」と抵抗しながら莫大なお金を失う現実の前に折れた。作品には細胞まできれいなサクラが映っているのだが、自身は「女優さん」が演りそうなお嬢様役に不全感が拭えず、全力疾走は〇八年公開『俺たちに明日はないッス』まで待たねばならなかった。オーディションで勝ち取った、童貞の高校生三人組の同級生、ちづ。自分を使い切れた役で、共演した柄本時生《ときお》に兄の佑を紹介され、「本能の決断」で生涯の伴侶も得た。

続く『愛のむきだし』で新興宗教の教祖の右腕を演じ、初の助演女優賞を受賞。以降、ブスでデブでワキガの女の子からスケバン、北に渡った兄を迎える在日コリアンの妹と手強《てごわ》い役が続く。心身晒《さら》して役者魂を炸裂《さくれつ》させるサクラにかかれば、どの役からも、美と醜も聖と俗も虚と実も何もかもが切実なものとして迫ってくる。だが、「二世」のレッテルが外れることはない。大きな賞を獲った後トーク番組に出たとき、台本を見て「奥田瑛二の娘」と紹介されるのを知るや大泣きした。

「ようやく開き直れたのは、家族で作った『0・5ミリ』からですよ」

父がエグゼクティブプロデューサー、母がフードスタイリスト、義父の柄本明と義母の角替《つのがえ》和枝も出演する『0・5ミリ』は、桃子の二作目の監督作品だ。サクラは、家族の長男役を引き受けてきた姉の力になりたいと精魂込めてサワを演じた。有楽町スバル座の公開初日の舞台挨拶で、父と姉に挟まれた末っ子は感極まって泣いていた。

もはや唯一無二の女優道を歩き出したかに見えるのに、昨年初頭のサクラは予備電力でしか動いていない状態であった。それまでにも女優をやめようとしたことはあるものの、今度はどう演じていいのかわからなくなってしまったのだ。

「ちょっと女優さんになってみたくなったら、自分にどんどん制限作っちゃって。そしたらウンコが出せなくなってしまったんですよ」

反面教師の父をはじめて理解
義父曰く「持っている女優」

ウンコとは、醜い部分も含めてすべて表現するというサクラ用語。そしてウンコが出せず、演じる達成感を失った彼女の前にあった作品が、ボクサーになる女性の物語『百円の恋』だった。今の自分を救えるのはこれしかないと半年間激しいトレーニングを重ね、一子のためにすべてを捧げた。思いっきりウンコをひり出したサクラは激しい疲労感に襲われて、しばしやさぐれた。だが、このときにはじめて反面教師だった父を理解できたのである。

「映画でエネルギーを使い終わった後、父もきっとこういう感じだったんだろうなって。考え方が一番近い俳優さんは夫だと思うんです。でも、精神的な部分でこの世で一番似てる俳優は父だと思うと、勝手に父との絆が生まれましたねえ」

妻の手料理で六キロ太ったという佑も、彼女の内なるものは奥田に近いと認めて、サクラを語る。

「僕らは本質的なところが似てる。あの方は努力家で、とってもわかんないところが素敵です。目が離せないから一緒にいてとても幸せですよね」

夫が留守の間、サクラは隙間《すきま》風が吹くアパートから脱出して夫の実家へ避難する。義母や義姉と買い物に行き、お茶を飲む平凡な日常は、自分が自分のままでいられる幸福な時間だ。自ら選んでつくってきた環境がそこにある。けれど、愛《いとお》しくも煩わしい、あらかじめ与えられた環境もまた、自分をここまで連れてきてくれたのだと今なら思える。気がつけば、ピストルは手から消えていた。

「末っ子で甘ったれの私が本能のままに突っ走り、どこまでも飛べるのは、きっと家族も含め、出会った人たちが危険を取り除いてくれてきたから。私には内から湧《わ》いてくるものは何もない。人に指示されて、ちょっと反抗してみたりしながらちゃんと応えていくのが好き。鎖に繋《つな》がれている感じ、人の操り人形でいるのが好き。だから監督に言われて、全力を出すのが性に合ってるんですよ」

さて、蘇生したサクラの一五年は、昨年撮った主演作品が一本公開されるのとボロアパートからの脱出計画以外、まだ真っ白なままだ。できるなら赤ちゃんを産みたいが、燃焼し尽くしてまだ何もやれない、いや、やらなくてもいい気がするのだ。柄本明は、義理の娘を「持っている女優」と評したうえで、役者についてこんなことを話した。

「観客が俳優に見てるのは、演技じゃなくて持ってるか持ってないか。残酷ですよ。表に出てくるそれが大きければ大きいほど才能と呼ぶんだろうけど、人に見られるんだから恥ずかしい仕事です」

かつて夢みたジャニスに劣らぬエネルギーを、スクリーンいっぱいに放射する類まれなる操り人形。安藤サクラの次の戦場はどこにある。

「アエラ」二〇一五年一月二十六日号掲載

ダンサー、振付家

黒田育世

世界を抱きしめて踊る

撮影　馬場磨貴

四月六日夜の渋谷クアトロ。黒田《くろだ》育世《いくよ》は、ジェーン・バーキンが呼びかける「震災復興支援コンサート」のステージに立っていた。桃色の衣裳に包まれた強靭な身体が、原田郁子が歌う「なみだとほほえむ」に共振して静かに踊り出し、やがて激しく大きく軌跡を描く。それは、不器用な子どもが差し出す明日への希望のようであった。

あの日、黒田は、目黒区にある自宅近くの喫茶店で新作の構想を練っていた。いつどこでやるかも決まっていないが、テーマだけははっきりと頭の中にあった。「死ぬ準備」を見てもらおう。Ａ４のノートに創作のもとになる自問自答を書き込んだ「黒田辞書」を作っているときに、猛烈な揺れに襲われた。家に戻ると、松本じろがテレビやスピーカーで散乱した部屋を片づけていた。音楽家の松本は、黒田の公私にわたるパートナーである。もともと人の出入りが多かった二人の家は、三月十一日以降、黒田が主宰するダンスカンパニー「ＢＡＴＩＫ」のメンバーや友人がのべ五十人はやってきて小さな避難所と化した。

「自分も死と隣り合わせにあることを穏やかに認めようとしていた時期に、震災が起こりました」

黒田が、新作を創ろうと突き動かされたのは今年に入ってからだ。昨年暮れに「ＢＡＴＩＫ」の公演が終わった直後は、いつものようにもう作品なんか創らなくてもいいや、とまるで脱け殻だった。なのに二週間もたたないうちに、何かに呼ばれた。死ぬ準備を見てもらわなければならない。それは自分の欲望ではなくメッセージなのだと、日溜まりのようなえくぼを浮かべて、三十四歳の黒田は言う。

「自分がこうしたいというのとは違うんですね。自分からやりたいことなんてない。メッセージが聞こえない限り創れません。私はただの容器、タッパーウェアのようなもので、作品の奴隷です」

ノーブルな美貌に、黒田用語とも呼びたい言葉。

「私が踊りをやっていると捉えるのが難しい。叩いてみたら踊りしか出てきませんからね。だから、今、踊りが話してるぐらいに思ってください」

ちぎれるまでに踊りきる骨折して表現できるもの

演劇人の野田秀樹などジャンルを超えて多くの表現者が共同作業を切望する振付家であり、ダンサーで、女性ダンサーばかりのカンパニー「BATIK」を率いる。二〇〇二年、鮮烈のデビュー作『SIDE-B』で振付家に与えられる世界的な賞を受賞して以来、賛否両論が渦巻くなかで一作ごとに強烈なメッセージを発信してきた。ダンサーの伊藤キムは「生の根源まで摑《つか》んで人前で提示できる本物のアーティスト」と評価する。

黒田の創る世界は重く、容赦がない。ダンサーたちは泣き叫び、笑い、走り回り、ツバを吐き、ちぎれるまでに踊りきる。永遠のような反復は人生そのもの。破壊と癒やしが、無残と美しさが、不快と快楽が同居して、行き着く果てにあるものを突きつけてくるのである。友人の写真家、高木由利子でさえ作品を観るときは気合がいる。

「長い歴史のなかで女が虐げられてきた苦しみや悲しみや反発と同時に、女としての歓びや母としての強さなど、全部ががんじがらめで出てきて、心臓に突き刺さります。

でも、それは避けたい部分でもあるので、単純に好きとは言えない」

　そうした主題をダンサーが限界まで針を振り切って踊るのだ。パートナーの松本が「リミッターが壊れてる」と言う黒田の創る作品は、ダンサーにとって過酷だ。「BATIK」のメンバーが頼る接骨師の丸山十志郎は、公演を観るのが苦痛だという。

「骨を折ってはじめて表現できるものがあるような踊り。神経があの世に行って帰ってくるのを何度も繰り返すから、観ていて気が気じゃない。なぜ、あんなに追い込まないといけないのか」

　だが、黒田には倒れるまで踊るのは必然なのだ。

「限界というのは言葉がある世界。言葉は物事を規定します。言葉がなくなったら、人は一番大切なことしかなくなって、汚いものがなくなる。そこは皮膚が自分を閉じ込めない世界なので、言葉のない世界へどうぞという感じです」

　黒田は、幼い頃から自分がなぜ自分であるのか不思議でしょうがなかった。皮膚一枚隔てた内側と外側が別の世界であるならば、自分は大好きな父の中にも母の中にも〝入れ〟ない。友だちにもなれない。泣き叫んで壁にごんごん頭をぶつけていると、母や祖母に叱られ、殴られた。

「ハードボイルドな家で夫婦喧嘩も派手だし、毎日がバイオレンスでしたね。祖母には髪の毛を摑んで引きずられたり、半端でなく怖かったです」

母の典子は、黒田作品の一番のファンである。経済的に支え、海外や地方も含めてほとんどの公演に足を運んできた。が、黒田が生まれたときは、育てやすかった息子に比べて娘が火がついたように泣き続けることに当惑した。大きくなると娘はますます手に負えなくなった。幼稚園の園庭の真ん中で泣き叫び、障子に穴を開け、ハサミで服を切り、石鹼や虫を食べ、車を運転して危機一髪。「やっちゃだめ」と言い聞かせても、押し入れに閉じ込めても言うことをきかない。長じてからも娘はよく泣き喚き、母娘のバトルは絶えなかった。家の壁には娘の蹴った穴が開いていた。

「悪魔の子を産んだのかと思いました。躾《しつけ》が厳しすぎると言う人もいましたが、わけのわからないいたずらばかりするので手が出ました。息子に、あれは立派な家庭内暴力だったと言われます」

子どもの黒田には、母の禁止の意味がまるでわからなかった。夢中になると我を忘れるからだ。

「今なら病気だと診断されたでしょうね。子どもをそうやって規定するのは不自由だし、後々引っかき傷が残ってしまう気がします。私は、そうされずにすんでよかったです」

踊ることは知っていた感覚
生きている姿に一番近い

道端でも踊っていた少女がバレエを見つけたのは、幼稚園の頃だ。友だちのチュチュ姿に憧れて、谷桃子バレエ団に通った。踊ってみるとそれは既に知っている感覚だった。言うことをきけばバレエをやらせてもらえるとわかって、それからは勉強も何もかもがバレエのためにあった。

「わざわざ踊るということに出合えたことがすごくよかった。後にそれが表現だと気づくんですが、私には踊ることが生きている姿に一番近い」

発表会では早くからいい役を踊っていた。だが、勝手に跳んだり回転したり、割り箸を持って踊ったりする少女は型を重視するクラシックバレエの世界では過剰で、いつも先生からは「どうしてそうなんだ。アカデミックに踊りなさい」と指導された。

十二歳でトウシューズを履いた頃には何となく、ここじゃないと気づいていた。

「私は一番大切なことを踊っているつもりだったのですが、バレエってポジションを決めて、角度を決めて、踊る物語も決まっていて、決めていくことですからね」

何をどうやってもはみ出してしまう黒田に決定的な転機が訪れるのは大学三年、二十歳のときに母がへそくりから出してくれた費用で留学したロンドンでのことだった。そこでコンテンポラリーダンスを学んだ。はじめて踊るダンスなのに「バレエより知っている」と思えた。二人の生涯の友とも出会った。毎晩寮で酒を飲みながら語り合い、さまざまな劇場に足を運んだ。一人でバックパックを背負い、ヨーロッパを回った。友と旅と鑑賞という経験を得た黒田は、帰国後、バレエを続けながらコンテンポラリーや舞踏の世界に飛び込み、好奇心の赴くままに境界線を越えていく。

「分かち合える親友たちができたんです。いろんなことを語り合い、自分の言葉を反響板のように受け止めてもらえた。周りのことなんか気にしなくてもいい、やっちゃえばいいんだと思えた」

川崎博美は、親しくなる前から黒田を知っていた。大学のキャンパスでは、フェラガモの靴を履いたきれいなお嬢様は一際目立ったからだ。ところが、仲良くなった黒田はおおらかな印象はそのままであったが、スーツケースを転がして走ると車輪から火花が出るくらいの体力の持ち主で、居酒屋でも電車の中でも踊りだし、クラブに行けば周囲の人をなぎ倒して踊った。親友の黒田評。

「重度のヘルニアなのに踊っている。今しか、大事なことしか見ない人です。『顔って気持ち悪いよね』と話していたらあの作品が生まれて、驚きました」

黒田に『ＳＩＤＥ－Ｂ』の構想が浮かんだのは、伊藤キムのカンパニー「輝く未来」で活動していた二十二歳の頃だ。家にいたら、突然、黒いドレスを着た六人の女の映像が細部までありありと見えたのだ。知り合いのダンサーに声をかけ、美術モデルのバイトで稼いだお金で稽古場を借りて、衣裳を作った。顔にフォーカスしたこの作品はダンサーが顔を隠して足踏みしているシーンで始まり、コンセプトと激しいダンスが衝撃を与えて数々の賞を受賞。二作目の『ＳＨＯＫＵ』は股間を両手で押さえて踊る姿が自慰行為のメタファーと評され、三作目の『花は流れて時は固まる』では回り続ける黒田の後ろで六メートルの高さからダンサーが次々飛び下りて、客席を圧倒した。

黒田は論評に「そんなつもりはないのに」と戸惑ったが、「ＢＡＴＩＫ」の荒れ狂う舞台は確かに少女たちの反乱であった。発表すればすべて受賞という時期で、海外からの招聘《しょうへい》も相次いだ。

黒田をマネジメントする高樹光一郎は、海外での評価は二分されると苦笑する。「エキセントリック過ぎると否定される一方、日本女性のステレオタイプを打ち破ったという声もあります」

日本でも好悪が分かれた。「こんな作品死んでも嫌」とアンケートに書かれ、NHKの『芸術劇場』で特集が組まれたときは、「子どもに見せられない」と抗議の電話が殺到した。同時に「凄いものを観た」と絶賛される。反発と喝采は芸術家の宿命であるが、実のところ、作品を踊るダンサーさえも当初は黒田作品に二の足を踏んでいた。

初期からのメンバー、植木美奈子は最初作品の凄さが理解できなかったし、二作目から参加した大江麻美子も『SIDE-B』を観たときは暴力的な部分に拒否反応が起こった。だが、二人とも踊ってみると心身共にギリギリまで追い詰められながら生きている快感が増幅した。大江は「あの世界を体験できただけでもラッキー」と言い、植木は「妥協せず、物事の本質を見たいと生きる姿勢まで変わった」と話す。「BA

TIK」のメンバーは身長も体重もまちまち、黒田好みの「ガッと生きている感じがする」骨格がしっかりしたダンサーばかりだ。十人は姉妹のように仲がいい。当の黒田は、毛嫌いされたり、非難されたりすることに傷つかないわけにはいかなかった。だが、親友たちが「バカだね、そいつら」と笑い飛ばし、「自分の力を信じてやればいい」と背中を押してくれた。ずっと「安定した職業に就きなさい」と言い続けた母の典子は、『SHOKU』を観てからは完全なる味方となり、娘のほとばしるような言葉を受け止める反響板にもなってくれた。

「みんなが命をかけてやっている。本当にきれいです。胸を打たれて、毎回泣いてしまいます」

そう言う典子が家を出たのは、娘が創作を始めた頃だった。夫との関係も家業もうまくいかなくて、ちゃんと呼吸ができなくなり、どんどん身体が冷たくなっていた。そんな母を見ていた娘がある夜、タクシーを止めて母を叔母のもとに行かせたのだ。昨年、黒田は母をテーマにした『あかりのともるかがみのくず』を発表している。

「いつも母のことを考えながら創っているので、今度は正々堂々と母をやろうって。で、メッセージは私に何をやれと言ってるのかと耳を澄まして聴いていたら、『生きていて欲しい』ということでした」

公私にわたるパートナーは
踊りに寄り添う「音楽」

間もなく、黒田にもう一人の絶対的な味方＝反響板が現れる。〇五年、ソロ作品の『モニカモニカ』で音楽を担った松本じろだ。脳髄を震わす松本のギターと声で黒田の世界は一層屹立《きつりつ》し、二人は一緒にいるのが当たり前になった。二年後、黒田が姉と慕った山口小夜子が亡くなり、そのお別れの会の朝に婚姻届を出した。

「結婚なんかと思っていましたが、小夜子さんが松本と一緒にいることを喜んでくれていたので」

典子は、結婚に際して、「親だから我慢できたが、人様にお願いできる娘ではない」と松本に伝えている。松本は「好きだから」と真っ直ぐで、黒田の父が「定収入がないヤツはだめだ」と反対すると、仮設大工の仕事を探して、三十年暮らした愛着ある故郷の奈良を離れて東京にやってきた。

松本は黒田と一緒に暮らし始めてすぐに、自分が「後妻」だと悟った。彼女は既に作品と「結婚」していた。創作にかかると、料理好きな黒田が一切何もできなくなり、うずくまったまま何時間も微動だにしない。ときにパニックを起こすので、頬を叩いて正気に戻さなければならない。夜中の三時四時に起こされて、「二人シンポジウム・黒田育世宇宙を語る」が始まる。枕元で踊りだす。

「胸張って言えますけど、頭、おかしいです。彼女を見ていたら、いかに自分が小さいかということがわかりますね。最初は淋しかったし、夜中に起こされると、この女は血も涙もないんかと腹も立つ。でも、作品を見せられたらついていこうと思う。圧倒的な力にやられるんです。ああ、僕はこうして生きていくんやな、って。運命です」

松本は黒田の専属ミュージシャンに徹し、踊り終わって歩けないダンサーの身体を「百回撫《な》ぜたら何とかなるかな」とマッサージしてやる。けれど激しい踊りに自律神経をやられて箸も持てず、夜中に呼吸が止まる相棒を見るのは心配でならない。カップルになる前であれば、演奏しながら「もっといけ！」と作品だけに奉仕できたのに、今は舞台で死んだら本望だろうとはとても思えない。何でこんなことになってるんやろ、表現者同士でいればよかったと思うときがあるのだ。

黒田が言う。

「私は最大限苦しまないでいいようにここにいるんだと思います。松本や周りの人たちに囲まれて」

経済活動から弾かれた人間
作品に誠心誠意尽くすだけ

今、彼女はサボテンを買いに行こうと思っている。同業の金森穣《かなもりじょう》にもらった大切な四本のサボテンがみるみる間に三本枯れて、松本が「次は俺や!」と指をさす。松本を枯らすわけにはいかないからだ。

毎日喋り続けている黒田と松本は、双子のように類似形である。「踊りになりたい」ダンサーと、「音楽は常にいてる」ミュージシャン。「お金には恵まれていないけど、仲間に恵まれてる」と笑って、踊りや音楽を経済に還元させることから逃走する。自分が自分のままでいられる松本を得て、黒田はさらに自由になった。

近年、文化庁の助成金が大幅に削減された。演劇の振り付けや映画出演で得た収入を投入しても、カンパニーを運営していくのは容易でない。だが、そうした現実も黒田をとめる理由にはならない。

「私は経済活動から弾かれた人間で、自分がとっても役立たずだと思う瞬間があるけれど、作品に誠心誠意尽くしていれば何かを残せると思う。役割があるのは素晴らしいことです。だから助成金がなくなることに抗議するのではなく、それもよしというところでやりたいと思うんですね」

恩師の谷桃子は、「踊りで食べていくのは大変」と認めた上で、愛弟子に「好きなものをはっきり持っていてよかった」と励ましの言葉を贈る。

「死ぬ準備」のための「黒田辞書」は八割ができあがった。わかったことは、「死ぬための準備じゃないですね。毎秒毎秒が死ぬ準備だということです」。

政治にも消費にも回収されず、何にも抗わず、誰にも刃を向けず、ただあどけなくメッセージの求める世界を忠実に表現したいだけ。

黒田育世が踊る。世界を抱きしめて踊る。命を踊る。生きている。

「アエラ」二〇一一年六月十三日号掲載

俳優　**夏木マリ**

カッコよく終わりたい

撮影　初沢亜利

それは観客への迎合を排除した、嫉妬するほどの信念に貫かれた舞台だった。

五人の僧侶が唱える声明《しようみよう》と呼応し、鍛えられた女の身体がゆっくりと、しかし緊張感を湛《たた》えて動いていく。その口からは、チリの作家アリエル・ドルフマンの詩が五オクターブの音域に操られて流れ出す――六月某日、東京・渋谷のNHKで、夏木《なつき》マリはライフワークであるパフォーマンス「印象派」のダイジェスト版を披露していた。自分をメーンに据えた三日連続の番組録《ど》りの最終日のことだ。

初日、彼女は黒いドレスでシャンソンを歌っていた。二日目は、六〇年代の人気テレビ番組『ルーシー・ショー』のルーシーに扮し、「絹の靴下をはくと男運が悪くなるわ」と、観客を爆笑させていた。

「あれはほんとのこと。男運ないもん。私って大胆だよね。三日とも違うことしたくて、全部一日の稽古でやったんです。大変で死ぬかと思った。アッハハハ」

数日後、夏木は東京・神田にあるPNF研究所で、マン・ツー・マンの筋肉トレーニングを受けていた。ステージで酷使した筋肉をほぐし、柔軟性を回復させるためだ。東京にいる限り、週に二回はここに通う。他に毎朝四十分のウオーキング。マッサージ、エステ、鍼《はり》を定期的に受け、ネイル、ヘア、歯をケアする。

「それで時間とお金が消えます。本来は怠け者だからやりたくないんだけど、筋肉の質がよくないらしく、ちゃんとメンテしないと舞台に立てない」

体脂肪二二%、ステージに立つときは一〇%台に落とすという夏木が身に着けているのは、三千円の古着のジャケットに、「高くてセールでしか買えない」エルメスのパンツ。花を飾ったランバンのキャミソールからは胸の谷間が覗《のぞ》くが、セクシーというよりダンディー。芸能界一の洒落者《しゃれもの》という評判に違《たが》わない。目元と口元の皺《しわ》が表情を豊かに見せている。

夏木マリという名前を聞いて、妖しい指の動きで「絹の靴下」を歌う姿しか思い浮かばないとすれば、それはオジサンの証拠である。今の彼女は、「魔女か婆《ばばあ》役しか来ない」と当人はぼやくものの、演出家や音楽家に共同作業を切望される俳優である。一方で、ファッションから生き方まで彼女のスタイルを女性誌がこぞって紹介するほど、女性たちが憧れてやまない存在となっている。

「あなたは苦労人ですね」宮崎駿はすぐに見抜いた

実際、夏木の女たちへの波及効果は大きい。大竹しのぶは、彼女の演劇に取り組む真摯《しんし》な態度に触発され、役者という職業の役割を再認識したという。写真家の安珠《あんじゅ》は、夏木のリサイタルを観て、そのあまりのカッコよさに終演後楽屋に飛び込み、「撮らせてください」と頼み込んだ。地方公演を終えた後の焼き肉屋では、共演者の香寿《こうじゅ》たつきが母親役の夏木に抱きつき、「顔も生き方もきれい。私もマリさんみたいになりたい！」と叫んでいた。

五十二歳で独身、子なし。コラムニストの酒井順子の言葉を借りれば、夏木マリとは、すなわち「負け犬のカリスマ」なのである。無論、負け犬には誰でもなれるが、カリスマには誰もがなれるわけではない。『千と千尋の神隠し』の湯婆婆《ゆばーば》の声を収録したとき、宮崎駿《はやお》はすぐに「あなたは苦労人ですね」と看破したという。そう、カリスマさまはただの洒落者ではない。

七月の暑い日、夏木は主宰するワークショップのため、新宿のスタジオに姿を現した。引っ詰め髪に全身黒の忍者のようなスタイルで、ストレッチを始める。脚を頭につけるまでふり上げる。開脚する。足首にはイオン効果のあるサポーターがまかれている。そういえば、最初に会ったとき、この人は「公演中の声を守るため」小さな空気清浄器をペンダントのように下げ、黒砂糖を齧《かじ》っていた。

「表現者にとって無意識は敵！」

「この身体は楽器」

「自分をいかに好きになるかが大事。コンプレックスを魅力に変えていくの」

二十三人の役者やダンサーを相手にディスカッションし、ウオーキングやダイアローグを指導する。五時間ぶっ通してのワークショップに嬉々として取り組む夏木の前には、真っ黒になった自筆の大学ノートが広げられていた。深夜こつこつ一人で書きためたこんなノートが、彼女の手元にはもう何冊もある。

「私が海外のワークショップに参加して、納得できたものをアレンジしています。教えるのはボランティアみたいなもの。私が演劇に救われたと思ってるから。私って、若い頃はおバカちゃんだったの」

夏木のおバカちゃん時代とは、身も心も自制しようがなかった二十代を指す。

小さな頃から、達成感とも自信とも夢とも無縁だった。母が評判の美人だったせいで、自分を美貌だと思ったことはない。むしろ、きつい男顔だと優しい顔に憧れた。何より少女の頃の夏木を戸惑わせたのは、初経を迎えて急にふくよかになった身体だ。大きな胸と太い脚。脂肪がついた身体はバカの証《あかし》のようで、跳び箱を跳ぶにも逆上がりをするにも重すぎた。

「清潔で真面目な性格なのに、あの顔にあのナイスバディ。本人はギクシャクしてました」と、中学時代、夏木の交換日記の相手だった石田君夫《きみお》は振り返る。

キャバレー回りの夕方キュッと胃が痛んだ

歌手になってからは、外見と内面の乖離《かいり》は埋めようもなくなった。十八歳で本名の中島淳子でデビューしたとき、作詞家に旅館に連れ込まれ、レイプされそうになった。大人は信じられない。有名になりたいと願うなかで絶望が始まっていた。再デビュー曲の「絹の靴下」は大ヒットしたものの、ノーパン、ノーブラのダイナマイトボディーが売り。同期の山口百恵や森昌子と並ぶと一人浮いていた。

「でも、私のイメージはそうなんだと思ってました。売れたい欲はあっても、こうなりたいという意志はなかった」

一年目に過労で死にかけた。事務所は、あわてて十万円の給料を一気に百万円に上げてきた。父は「やめて結婚しろ」と怒ったが、三ヵ月後に復帰。が、もはや旬は過ぎ、テレビの仕事はなく、キャバレー回りの日々が始まる。夏になれば恒例のように、四つんばいになったビキニ姿で男性誌のグラビアに載るのが数少ないマスコミ露出。お金だけは入ってきたから、ベンツに乗り、毛皮を着て、ブランドものを買い漁った。八年間、消費と贅沢だけが快楽だった。

「デブだったから水着はヤでした。あの頃は、キャバレーの音合わせが始まる夕方になるとキュッと胃が痛んだ。生きててもしょうがないと思いながらやめられなくて。出たがりだし、意地もあった」

自我などないかのように振る舞うことで傷ついた心を隠していた歌手時代に、いい思い出はない。最も辛かったのは父を落胆させたことだ。

二十六歳のときに父が倒れた。父は商社マンとして高度成長時代を身を粉にして働きながら、病弱で生真面目だった故に会社では不遇であった。最後に親孝行したいと家賃六十万円のマンションを借り、六百万の家具を揃えて両親と弟を迎えた。だが喉《のど》を切開して声が出ない父は、「淳子の経済観念のなさにはびっくりした」と書き残して、死んでいった。享年五十八。当時の夏木は恋といえば不倫ばかり、ダイエットを繰り返しながら、シャツの前ボタンがちぎれそうなほど太っていた。

「私、確かに金銭感覚なくて。それが嫌でしたね。母の血です」

夏木は、取材中、「父の血」「母の血」という言葉を頻繁に口にした。

「インテリ好み」に変身し死に物狂いで演劇の道へ

お嬢さんで育った母は、世間知らずだった。子どもの頃から食卓には洋食が並び、きれいな服を着せられた。だが、「お金がない」と言われ、高校の修学旅行には行けず、大学進学も断念した。父の給料は少なくなかったはずだが、母はやりくりできずに借金を作っていた。娘が芸能界に入ると、母の金銭感覚はいよいよおかしくなった。今でも十分な仕送りはしているのに、母はお金が足りないと電話をかけてくる。

「私の一番の悩みは母です。あの血が流れてると思うとうんざりする。でも、神様は母を通して常識的に生きなさいと私に教えてるんだと思う」

しかし、若い頃の夏木は、自分のなかの母の血を意識することさえなかった。

二十三年間マネージャーとして苦楽を共にすることになる砂田信平《しんぺい》が、はじめて夏木に会ったのは、彼女が二十八歳のときだ。お色気しか商品価値がなくなった歌手が、「週に四回はテレビに出たい。お金も欲しい」と条件を出してきた。本来なら仕事をするのはごめんだが、砂田は長年マネジメントした今《こん》陽子と別れたばかりで、タレントが必要だった。「夢も希望もなかった」夏木も、拾ってくれるなら誰でもいいと彼の事務所に入ることを決めた。

この出会いが夏木を変える。

辣腕《らつわん》の砂田は、地に足のついた仕事をさせたくて、セミヌードの写真集で稼ぎながら舞台に立たせる作戦を立てた。移転した日劇ミュージックホールのこけら落としに夏木を出演させることにした。脱がないとはいえヌードの殿堂に出るには抵抗があったはずだが、彼女は頷《うなず》いた。

「マリの最大の魅力は潔さ。彼女は今のためにはすべてを捨てられる。男も、積み上げてきた仕事も捨てる。プライドも結婚も、彼女にはどうでもいいんです」

夏木は、砂田に連れて行かれたブロードウェーで衝撃を受けていた。舞台で輝く鍛えられた肉体は素晴らしくカッコよかった。頑張れば自分もああなれるのか。ミュージックホールは、キャバレーよりはましだろう。贅沢も脂肪のついた身体も捨てたくて、ダンスと発声を習い始めた。

「ミーハーだから、できもしないのにカッコいいことやりたいんです。生まれてはじめて努力というものをしました」

人情味があって飾り気のない踊り子の世界は、芸能界で疲弊しきっていた夏木の息を吹きかえさせた。ダンサーの伊藤キムは、夏木を「信じられないほどさっぱりしてる」と語っていたが、彼女のそうした性格は、踊り子たちの生き方に感化されたところが大きい。

幸運にもミュージックホールの常連客に演劇人が多かった。五社《ごしゃ》英雄、小田島雄志《ゆうし》、渥美清らが舞台の夏木に刮目《かつもく》した。そのなかの一人に夏木に演劇の基礎をたたき込んだ演出家、里吉《さとよし》しげみがいる。里吉は「下手だが、初鰹《はつがつお》のように生き生きした」夏木に一目惚れし、自分の主宰する「未来劇場」へ招き、台本の読み方から動き方までを徹底的に教えた。

「動けないし、台詞《せりふ》も喋れなかったけど、食いつきがよく、誰よりも稽古熱心。他の役者へのダメ出しまで書き込むから、あの子の台本はグチャグチャでした」

砂田が、夏木に毛皮やベンツを売らせ、ノーメイクにジーンズ、車はシビックという「インテリ好みの女優」に変身させると、舞台の出演依頼が殺到した。市川猿之助《えんのすけ》、蜷川幸雄《にながわゆきお》、井上ひさし、鈴木忠志《ただし》、スティーブン・バーコフらが彼女をこぞって起用した。

「演劇は好きでも何でもないけど、ほめられるからやり続けた。もう死に物狂いでした。恥かきたくない一心でした」

やりたいことをやって、清々しく生きたい

そのまま売れっ子女優であることに充足していたなら、恐らく彼女は今ほど屹立した存在にはなれなかったろう。だが、あるときから、「生真面目な父の血」が疼《うず》きだした。

理屈ばかりで身体も動かさず、稽古場でゴルフの話をしたり、稽古が終わって飲みに行ったりする役者たちが許せないのである。自分は、家へ帰って明日の予習をしなければ追いつかない。観たい芝居があれば、多忙の合間を縫い「見栄を張って」ファーストクラスでロンドンやニューヨークまで飛んだ。二十四時間芝居漬けになり、友だちも恋人も去って行くなかで、サラリーマンのような俳優にはなりたくないと焦燥感を募らせた。

砂田は、夏木にようやくアーティストとしての欲が出てきたのを感じ、ワルシャワ蜂起を歌うポーランドのエヴァ・デマルチクの詞を使いステージをしようと持ちかけた。当初、夏木は砂田の意図がよく理解できなかった。だが、偶然、演劇的なダンスで世界を圧倒するピナ・バウシュの舞台を観て、「あんなカッコいいことがやれるなら」と乗り気になった。

「印象派」の始まりである。

二人は、他の仕事は断り、「印象派」にのめり込んでいく。「事務所の屋台骨は傾き」クレジットカードが使えなくなったが、「野垂れ死にしてもいい」と突っ走った。イギリス、フランス、ドイツ、ポーランド。好悪をはっきり意思表示する海外で喝采とブーイングを同時に浴びながら、砂田の掌《てのひら》の上で踊っていた夏木が創作の歓びに目覚めていた。

「お金があっても幸せじゃないのを知ってる。それよりやりたいことやって清々《すがすが》しく生きたいと思った。父のように」

舞踊でも演劇でもなく、夏木の身体《しんたい》と声をいかに使い切るかが主題の「印象派」を、「東欧かぶれ」と切り捨てる人もいる。だが、鈴木忠志は「前衛精神が地をはらう時代に、芸能界出身の夏木マリにだけ前衛の精神が残っている」と評価する。

「人の意見も聞けと言いたいが、自分で企画を立て、身体《からだ》を張ってやっている。自己主張してる。日本では難しいことだ」

照明家の雑賀博文《さいがひろふみ》は、ポーランドで公演が突然中止になった朝、ホテルの周辺を黙々とランニングする夏木を見ている。

「舞台ではいつも傷だらけです。女優さんは照明できれいに見せて欲しがるが、彼女はきれいにこだわらない。ストレートな自分を見せて欲しいと言います」

日本のスター女優の多くは、若さや主役の座にとらわれ、葛藤している。だが、夏木は脇役も自分より年上の役も、楽しんで演じてきた。

「婆、大好き。だって婆なんだから、中途半端に若さにこだわると、仕事、来なくなるよ。私には印象派があるから、何やるのも怖くないんです」

「印象派」は夏木に目標と意志と情熱を与え、虚飾を捨てさせた。汗でメイクがとれた顔や、太い脚もハスキーな声も受け入れる。筋肉質の身体をつくりあげながら、心も鍛えていった。外見も内面も、父の血も、母の血さえ、その手でコントロールできるのだ。

「でも、男は寄りつかなくなりましたよ。自分を完成させるまで待ってくれと言ってる間に、誰もいなくなっちゃった」

夏木は、すべてを捨てても打ち込めるものを手にした。しかし、彼女は近い将来、それをも手放そうとしている。あと一回、八度目の「印象派」を終えたなら、表舞台からフェイドアウトし、裏方に回る。目指すは演出家、求める活動場所は海外だ。子どもっぽい日本の芸能界で生きるには、自分は不器用過ぎる。

「明日を信じられないから頑張れる。カッコよく終わりたいだけ」

貯金ゼロ、持ち家なし。カリスマさまが欲しいのはお金でも名声でもない。ただ今を生きる充実感だけだ。

「アエラ」二〇〇四年八月九日号掲載

演劇プロデューサー **北村明子**

芝居の魅力を教えましょう

撮影 馬場磨貴

演劇評論家の天野道映《みちえ》は、三月、草彅剛《くさなぎつよし》主演の菊池寛作品『父帰る／屋上の狂人』の二本立てを観て、舌をまいた。大劇場でも満杯にできる人気者を二百四十人収容の小さな劇場に立たせ、脇には腕のある俳優を揃え、美術は斬新。黴《かび》が生えていた戯曲が見事に生き返っていた。

「プロデュースそのものが芸術的だった。あんなこと、あのプロデューサーしかやらないよ」

あのプロデューサー、北村明子《きたむらあきこ》は元女優。「興行は水物」の世界でこれまで手がけた公演がすべて黒字という凄腕《すごうで》だ。六月上演の『ヴァージニア・ウルフなんかこわくない？』は、アメリカを代表するオルビーの作品を旬のケラリーノ・サンドロヴィッチが演出、出演者に大竹しのぶ、段田《だんた》安則《やすのり》、稲垣吾郎、ともさかりえを揃え、まるでロイヤルストレートフラッシュのような顔ぶれだった。九月には、演劇界注視の青木豪《ごう》を作・演出に起用し、リスクの高いオリジナル作品を上演した。

「演劇界に人材を育てるためのいわば先行投資です。でも、赤字にはしません」

身長一六四センチ、グッチのスーツをキリリと着こなす北村は今年五十九歳、団塊の世代の一人だ。彼女が率いるシス・カンパニー（以下、ＳＩＳ）は野田秀樹の舞台を制作し、大竹しのぶ、堤真一、段田安則ら「演出家なら誰でも使ってみたい」俳優をマネジメント、近年は自主公演にも乗り出した。今、演劇界はこの人を中心に動いている。

年間三十本の舞台に携わる衣裳プランナーの前田文子《あやこ》は、ふんぞり返ったプロデューサーが多いなかで北村は格が違うと、断言する。北村は人を値踏みせず、スタッフ一人一人を労《ねぎら》い、ジーンズ姿で舞台の仕込みを手伝い、走り回る。

「あんな人になりたいと思います。仕事で、絶対彼女を失望させたくない」

脚本から演出家、キャスティング、ポスターまですべてを決め、演出家にコミットし、一ヵ月の稽古に伴走する。それが北村流だ。演出家任せが多い日本の演劇界で、彼女のような求心力を持つプロデューサーは他にいない。売れっ子の劇作家が「何より北村さんが欲しい」と言い、同業者は「脚本が読め、野田秀樹からＳＭＡＰまで日本で一番役者を動かせ、一番集客できるプロデューサー」と脱帽する。

「ただ演劇が好きの一念で、流されるままにやってきただけなんですけどね」

ＳＩＳでは月に一度会議が開かれる。この日も朝八時半、月例会議のために、東京・恵比寿にあるオフィスに社員が揃った。業務報告を聞きながら、北村が指示を出す。

「来年、再来年のこと考えて。営業は他より一歩先んじるしかない」

「性格はどうでもいいから仕事の鬼になって！」

自他ともに認める北村のワンマン会社ＳＩＳは戦略情報システムの略で、演劇とは不釣り合いな名前だ。情報を制したものがいち早く役を獲得する。それが、北村のマネジメントにおける基本戦略だ。

大手はともかく、前近代的な興行の世界にあってＳＩＳは極めて異色だ。タイムカードがあり、各種保険や残業手当、住宅手当、休暇が保証されている。ボーナスは年間五ヵ月を切ったことがない。さらにリベートやキックバックが横行し、カラオケやゴルフ接待がまかり通る業界なのに、接待営業は禁止。十四人中十三人の女性社員は「女はそれぐらい頑張らないと居場所はもらえない」と結婚・出産退社が許されない。

「丁稚《でっち》奉公が当たり前の芸能界の悪しき風習が許せないだけ。社員に働いた分が還元されないと健全じゃないよ」

北村と二十年近く苦労を共にしてきたマネージャーの半海《はんかい》いづみは一度、掟《おきて》を破り接待をしたことがある。北村に怒られるのが怖くて隠していたが、バレた。まっ黒こげになるほど叱られて泣いていると、最後に北村は「あんたに嘘をつかせた私も悪かった」とボロボロ涙を流した。

「飴《あめ》と鞭《むち》の使い方が絶妙。この人についていこうと誰もが思わされます」

闘わない俳優はクビ切り
人生観決定付ける妹の死

マネージャーはタレントに隷属しがちだが、北村は決して俳優の機嫌をとらない。社員には「馴れあうな」と命じる。大名行列のようにスタッフをひきつれて現れる芸能人を、「カッコ悪すぎる」と一刀両断だ。理不尽なことを言うならいくら売れっ子でも「いらない」。現場で闘えない俳優は容赦なくクビを切る。

「どんな俳優でも一歩外に出ればチヤホヤされる。その勘違いを正すのは、身内である私しかいない。それが仕事です」

『トリビアの泉』の司会で人気が出た高橋克実は、SISに所属するときに言い渡された。現場には一人で行け。スタッフ全員の名前を覚えろ。リハーサル前に台本を覚えろ。三回遅刻したらクビ。高橋は毎年、契約更新の十月が近づくと胃が痛くなる。好きな舞台をやりながらテレビの仕事ができ、生活が安定したのはSISのおかげだ。なのに昨年は契約書が届かなかった。不安のあまり北村に電話すると「アッハハハ。経理が書類送るの、忘れてたらしいで」と、笑い飛ばされた。舞台の初日、幕が下りた途端、楽屋に飛び込んできた涙目の北村に胸ぐらを摑まれ「あんただけ、ここが動いてないんや！」と胸を叩かれたこともあった。

「こわーッ。ビビります。でも、その都度、演劇との向き合い方を教わります」

初日寸前に降りた役者の代役として浅野和之を電話で呼び出し、その日から家に帰さず、三日三晩つきっきりで励まし演技指導した。トラブルを起こした役者の横で大泣きして頭を下げていたが、それは場を収めるための演技だった。飛ぶ鳥落とす勢いのテレビプロデューサーの強引な要求を、「役者のためにならない」と突っぱねた。

などなど逸話の多い北村に役者も社員も全幅の信頼を寄せ、慕う。

だが、「ついていけない」と辞める役者もいる。NODA・MAPの公演中に父が死んだとき、北村は休演日を待って実家に戻り、楽日終了まで野田にも告げなかった。役者にも、親が死んでも舞台に立てと迫る。

同業者の笹部《ささべ》博司《ひろし》は北村を、冷酷で計算高いくせに情にもろい、アナーキーで現実主義者なのにロマンチスト、と分析する。

「ゼロから始め、勝つか負けるかの世界で血みどろの闘いをしてきた人だから、いつでもすべてを捨てて孤独になれる。だから何も怖くない。強いはずですよ」

北村は、標準語に効果音のように故郷の京都弁を交ぜて話す。一九四七年、税理士の父と専業主婦の母のもとに生まれた。幼い頃から両親の間には喧嘩が絶えなかった。女学校を一番で出たという母は、横暴な夫に不満を抱きながら「女なんだから」と娘に規範を強いた。親が重かった。心の拠《よ》り所《どころ》はたった一人の味方だった二つ年下の妹と、小学六年のときに労働運動をしていた叔父に連れられて観た新劇だった。

「子ども心に母のような人生はごめん、自分らしく生きたいと願った。思想的なことを含めて芝居が私の逃げ場になりました」

二十歳で大学を中退し、京都のくるみ座へ。二年後に上京し、三十倍の難関を突破し文学座研究所へ。同期の角野卓造《かどのたくぞう》は「腹から芝居する凄くいい女優だった」と言う。二十三歳で「お決まりのように男ができ」、パニック状態の母に泣かれしぶしぶその同期生と籍を入れる。が、一年後、共演した役者と恋に落ち、修羅場の果てに離婚し、再婚。バイトしながら四畳半一間に一日三百円で暮らし、麿赤兒《まろあかじ》らと旅して芝居をする生活は楽しかった。だが北村の妊娠がわかると、夫は「家族のために就職する」と、演劇を捨てた。

「勝手やね。その途端に彼が嫌いになったの。いい役者で、そこが好きだったから。芝居にまで失望してしまった」

生後三ヵ月の娘のあぐりを抱いて、夫がいない間に実家に戻った。シングルマザーになることに何の不安もなかった。父親がいないのはこの子の運命だと娘に後ろめたさはなく、生活のためにスナックや喫茶店で働き、帯の絵つけの内職をした。だが、二十九歳で人生観を決定付ける出来事が起こる。双子のように寄り添って生きてきた妹が自殺した。

「自分が根本からわからなくなる心もとなさを、生まれてはじめて感じました」

女性解放運動に関わる
野田秀樹との邂逅が転機

そのとき、北村を支えたのはあぐりの存在であり、もうひとつはウーマンズ・ムーブメントだった。母子家庭への偏見を身に沁《し》みて感じてから、女性解放運動に関わるようになっていた。女の問題に目を向けると世界の認識が変わり、今まで自分を苦しめ、縛っていたものからどんどん解放されていった。強い力をもらった。勉強会で女性史の本を繙《ひもと》き、女性映画祭の開催や保育所設置運動に奔走した。

「生き方の背骨になった。今もそう。ただ運動には実体がない。妹を失って私自身の中に実体を作り、誰にも依存せず、私が私のために生きなければと思いました」

旧弊な京都の町で北村は異彩を放っていた。カナダ人監督が日本女性の日常を撮った『Ｋｅｉｋｏ』に、自由で自立したレズビアン役で出演したのは三十一歳のときだった。北村は美術も衣裳も弁当作りも率先して手伝い、チームの雰囲気がささくれだってくると、みんなを和ませた。誰もが北村といると元気になった。映画が完成すると、当初小さな役にすぎなかった北村が、スクリーンで主役を圧する魅力を放射した。

「彼女に会ったことで、監督の中でイメージが膨らんだ」と、プロデューサーのユリ・ヨシムラ・ガニオンは述懐する。

バイト先の京都YMCAの仲間たちが「まんまやないの」と笑ったこの役は、恋愛以外にエネルギーのもって行き場がなかった彼女を、再び芝居の世界に引き戻すことになる。七九年公開の『Ｋｅｉｋｏ』は、桃井かおり主演の『もう頰づえはつかない』と、その年の映画賞を分け合う。北村は女優業を再開、娘を母に預けて上京し「もう一度本気で女優をやります」と、挨拶して回った。

「子どものことより、自分のやりたいことのほうが大事だった」

あぐりは十五歳のときから十三年間英国に留学していたが、現在は北村と暮らす。子どもの頃、母は泣きわめく自分を振り切り仕事に行き、たまに帰ってきても「友だちが泣いてるの」と、娘を後回しにした。美しい女優の母が大好きだっただけに愛憎は相半ばした。けれど、今は、帰宅後も戯曲を読み、絶え間なくかかってくる電話で俳優や社員の悩みを聞き、役者を家まで呼んで演技指導をする母を見ている。

あぐりは、言う。

「誰にも媚《こ》びずに、自由に生きなさいと教えてくれた母を尊敬しています」

北村の人生最大の分岐点は、野田秀樹との出会いだ。八五年、小劇場ブームの最中、先端を走る「夢の遊眠社」は旗揚げから十年を経て、役者から窮状を訴える声が高まっていた。劇団は大きくなるのに役者はバイトなしでは食べられない。役者をマスメディアに売り込む人が必要だと、制作の高萩宏と役者の上杉祥三がツテを頼り、北村に声をかけた。この頃、北村は「食べていけるかな」と思いながら女優をして、映画制作に関わっていた。野田の芝居は観ていた。

「今まで観たことがない斬新な舞台で、ここの役者ならやってもいいかな、と」

北村が自身の資質を自覚するのは、このときからだ。劇団経営は丼勘定が当たり前の時代。当時、劇団の役者三十人の年収は合計で五百万、経理も杜撰《ずさん》だった。税理士の娘である北村の頭にはバランスシートがパッと浮かんだ。彼らを食べさせることができれば自分も食べられる。「私に給料を払い、専任のマネージャーを雇え。売り上げを三倍にしてあげる」と、座長の野田にマネジメント部を作らせた。

そして劇団員一人一人と面談。「あなたのことは誰も知らない。どんな役でもしますか」と訊ね、「あんたはブスや。ブスの一番になりなさい」「プライドを捨てなさい。

力があれば捨てられる」と、劇団員に現実を教えた。

「まず役者の鼻をへシ折らなあかん、と。自分が役者やってるから言えたんです」

念願の新作を英国で上演
売り上げ一年で三倍

初代マネージャーの半海は「テレビ局に日参して、まず自分を売り込め」「人間関係は全方位」と北村に仕込まれた。女優のくせに北村には実務力があり、仕事に対する明確なビジョンがあった。だが、テレビ局の人間は劇団のトップ役者の上杉や段田の名前さえ知らなかった。半海は退社した会社に出向き『ニューステーション』の「金曜チェック」でコントの仕事をもらった。段田は二時間ドラマで強姦魔もやった。野田の「うちの役者をあんなものに出して」という声が聞こえてきたが、北村は知らぬふりをした。

「出方はどうでもいい、ひとつずつ積み上げて実績を作っていくしかない。実力があれば使ってもらえるようになります」

目標通り売り上げは一年で三倍になり、五千万円に達した三年後にＳＩＳを設立した。劇団員の北村を見る目が変わっていく。高萩は、それまで自分がやってきた劇団員の「母」の役割が北村に移行していくのを感じていた。高萩が独立し、他の制作者が入ったが、間もなく北村が制作も担うことになる。それは、ある意味、野田の選択だった。劇団の中で北村だけが、野田に「書かなかったら幕開かへんよ。ご飯、食べられへんよ」と脚本の仕上がりを催促できた。

「何人もの制作者が現れたが、天才・野田秀樹を牛耳れたのは北村さんだけ」

高萩はじめ関係者全員が口を揃えた。北村はプライベートでは野田と付き合わない。仕事である以上、距離をとらなければ見えるものも見えなくなり、ものが言えなくなると、最初に決めた。

「夢の遊眠社」の解散も、劇団が飽和状態になっているのを感じた北村が野田にロンドン留学を進言し、主導した。そのままでは経営が立ち行かなかったので、役者の半分はクビを切り、癒着《ゆちゃく》状態だった業者との関係も絶った。刺されるかもしれないと思うほどきつい仕事だった。

自らSISを去った上杉は「あの人は僕らがたとえ罪を犯しても味方になってくれる人でした。野田さんと北村さんの結びつきが羨ましかった」と胸の内を明かす。段田は「表立って風を受けてくれる人が野田さんには必要だった」と明快だ。北村は「あれだけの才能、わがまま言われてもやったげよと思う。頭いいから私の使い方、よう知ってはる」と笑う。

九三年、野田が作・演出し、出演するNODA・MAP始動。北村は年間二百本の舞台を観て、野田にこれぞという役者をプレゼンテーション、興行の責任を負い、彼の芸術的欲求を次々具体化していった。

一方で、野田の不在時に制作スタッフを食べさせるために自主公演に着手。今年は、プールした資金で野田念願の英語で書いた新作を英国で上演、成果を上げた。野田が北村を得たのか、北村が野田を得たのか。北村はこの取材を受けるにあたり、「自分のことで煩わせたくない」と野田に会わないことを条件にした。いずれにせよ、希有《けう》な二人の邂逅《かいこう》によって演劇界に新しい視界が開けた。

他の事務所から嫉妬の声
しかし自分は解放されず

「だんだん背負うものが大きくなっていったけれど、それも有り難いこと。違う自分を開発できたんだから」

北村を、すべての権力闘争に勝ってきたと言った人がいた。なぜ勝てたのか。プロデューサーの大賀文子《ふみこ》曰く「芸能界では女は、男関係などの噂で潰《つぶ》されていく。でも、彼女には隙がなく、男が尊敬する威厳と力があった」。笹部は「彼女は常に野田秀樹や役者にとっての最善の道を考え、判断するからだ」と看破した。

今、「まともな芝居がしたい」と願う俳優たちがＳＩＳの門を叩く。北村に俳優を近づけるなと、他の事務所から嫉妬の声さえ上がる。もはや舞台役者なくしてドラマも映画も成立しえない。二十年かかって、北村は誰もなしえなかった表現者の欲望と経済を両立させる道を作りあげ、「芸術」と「日常」を結び、興行会社を近代化した。後に続く演劇人からは「感謝しています」の声が聞こえる。だが、北村には、脳髄にあふれかえる観たい芝居を作り続けてきただけという思いしかない。

彼女の舞台は、楽日の後、巨額の金をかけた道具も衣裳もすべてが廃棄される。

「舞台は必ず幕が下りる。それがいいんです。私は演劇を創りながら自分を解放してきたんだね。何を失っても怖くない。でも、まだ解放されていない……」

妹を喪失して以来、心の奥底に巣くう虚無を埋めるように芝居を作ってきた。七〇

68年代、団塊とそれに続く世代の女たちが切望した「革命」に、北村明子は演劇というもうひとつの世界で挑み続けている。

「アエラ」二〇〇六年十月九日号掲載

プロレスラー　**長与千種**

女子プロレスラーは職業である

撮影 奥野安彦

一月の寒い夕方だった。東京都大田区のアールンホールでは、選手の手で設営されたばかりのリングの下で、十七歳の少女が女子プロレス団体ガイア・ジャパンの入団テストを受けていた。縄跳び三分、反復横跳び一分、腕立て伏せ五十回、腹筋五十回、ブリッジ二分を終え、スクワット二百回までようようたどり着く。息が上がり、脚が動かない。そのとき、会場の片隅にいた長与千種《ながよちぐさ》がリングに駆け上がってきた。

「あと十回やってくれる?」

長与は、「あと十回」を五回繰り返し、少女が「二百五十回ーッ」と声を絞り出したところで「よーし、倒れていいぞ」。そしてゆっくり周囲を見回した。

「みなさん、どうしましょう。彼女を迎え入れる人は手を挙げてください」

息を殺していた選手たちがそろそろと手を挙げる。

「合格です。泣くのは早いぞ。もうちょっと身体、絞ろうな」

わっと泣き出した少女に、長与ははじめての笑顔を向けた。

一時間後。歓声と紙テープが乱舞するリングサイドで、少女は両手を握りしめていた。コーナーから一回転ダイビング、マットを突き刺す長い髪。キック、殴打が炸裂する。真っ逆さまに落ちる百キロ。場外乱闘。肉体がマットに叩きつけられる凄《すさ》まじい音。諦めないフォール。ボンデージ風あり、ランジェリー風あり、ウルトラマン風あり、個性を主張する衣裳をつけたレスラーたちの熱血ファイトに場内はどよめき、ヒートアップした。

後日、この日のことを訊ねると、長与はテレた。

「きっと、彼女は今の自分が嫌で、変わりたいから来たんでしょ。よく一人で来たなと愛しくなりました」

今、七団体が競合する女子プロレス界は冬の時代である。五年前に老舗《しにせ》の全日本女子プロレス（全女）が倒産、地盤沈下が激しい業界の中で、長与率いるガイアの興行はダフ屋が出るほどの人気だ。東京・後楽園ホールの正月興行では、ビデオやグッズ、「好きな選手に質問できる権利券」等が入った一個一万円の福袋が百個売れた。客層は幅広く、老若男女。家族連れやカップルに交じって、どの会場にも姿を現す追っかけも多い。

なぜガイアの一人勝ちなのか。

長与、ライオネス飛鳥、アジャコング、デビル雅美、豊田真奈美、尾崎魔弓などスター選手が出場する。大河ドラマのごとく、試合毎《ごと》にストーリーがあるから目が離せない。試合がハイレベル。と、理由はあれこれ数えられる。が、要約すれば、選手全員にバイトしなくてすむだけの給料を払えるのはガイアだけ。つまりは、古い興行体質から抜け出せない他団体に対して、ガイアはプロレスを健全ビジネス化した、と専門家の結論は一致する。

ガイアの道場は、新横浜駅から車で十分、畑の真ん中にある。正面奥の神棚の前には、実戦用と同じ六メートル四方のリング。両側にはマットが積み上げられている。看板工場だった百坪の建物は高さが七メートルあり、選手はトップロープから思いっきりジャンプできる。電話の前には「緊急以外私用電話禁止」の貼り紙。二階は新人のための寮だ。近くの畑で無農薬野菜を育て、自炊する。

この日、長与は近くのジムで二時間過ごした後、道場にやってきた。身長一六六センチ、体重八五キロ。二年前に左肩を手術し、両膝《りょうひざ》を含めて三ヵ所にメスが入った。

足首を脱臼、胸骨と肋骨《ろっこつ》は骨折。腰も首も悪い。「いろんな部品が足らない」肉体には、日々のトレーニングとケアは欠かせない。スパーリングを終えた選手たちの足元を、三匹の犬がまとわりつく。食事の支度に取りかかった若手選手に、長与が話しかける。

「ねえ、プロレスやめたら何ができるかな」

「保育所はどうです？」

「引っ越し屋さん、いいですね」

「お弁当屋さんもできますよ」

長与は、数々の伝説を残す女子プロレス界のカリスマである。育ての親、全女の松永国松社長は、プロレスをするために生まれてきた天才だと、愛弟子に目を細める。

「淋しい生い立ちのあの子の心のなかには人を喜ばせたい、興奮させたいという気持ちがうんとある。それがレスラーという仕事でワッと出てきたんだ」

長崎県大村市に生まれた。七つ上に母違いの姉、七つ下に弟がいる。実家はバーなど飲食店を手広く経営していたが、母は店の切り盛りに忙しく、父が長与の教育係だった。元競艇選手の父、繁は、娘に男の子であることを望んだ。短パン姿でぼっちゃん刈り。怪獣や車のオモチャ。体罰主義で、革のベルトでお尻を打つのが躾だった。銭湯の男湯で、「なぜおいにはチンチンがない」と聞くと、父は「もうすぐ生えてくる」と答えた。

手首に「プロレス命」と彫り「行かんば死ぬ」。十五歳で入門

幼稚園のとき、母が赤いエナメルの靴を買ってくれた。嬉しかったが、履くと父に叱られるので、下駄箱にしまい、毎日眺めていた。それから赤い色が好きになった。小学校入学の朝、枕元には赤いランドセルと黒いランドセルが置いてあった。父と母が別々に用意したものだった。両方とも溝《どぶ》に捨て、ズックのショルダーバッグで通学した。

「選べなかったんです」

幼い長与は、父の期待と母の願望を同時に叶《かな》える術《すべ》を知らなかった。

十歳のとき、父に連れられて大村に巡業に来た全女の試合を観た。マッハ文朱《ふみあけ》が大きくて、カッコよかった。試合中、なぜか涙が止まらなかった。プロレスラーになろ

うと決めて、男の子ばかりの空手道場に入門。学校から帰ると、空手着に着替え、タイヤを括《くく》りつけたロープを腰に結わえて町を走った。

玖島《くしま》中学に上がる頃には、長与のレスラー志望は学校中に知れ渡っていた。コンパスの針で手首に「プロレス命」と彫り込み、他校の男子生徒と喧嘩しては年中包帯だらけ。男言葉を使い、セーラー服のスカーフをとってガニ股で歩く潑剌《はつらつ》としたソフトボール部の少女に、それはいかにも相応《ふさわ》しい選択だった。だが、レスラーになりたい理由は他にもあった。

小学五年のときに実家の商売が破綻し、両親は借金を返済するために神戸へ働きに出た。長与は姉や弟とも離れ、親戚の家を転々とする。裕福だった環境から一転、遠慮することばかりを覚えた頃、母の働く姿を見た。自慢のきれいな母が、場末の飲み屋で酔客を相手にしていた。母に家業を任せ、浮気三昧《ざんまい》、揚げ句の果てに保証人の判をついて一家離散を招いた父に代わり、自分が、母を守ってやらねばならない。

母のスエ子がプロレス行きを反対すると、娘は「行かんば死ぬ。十万円稼いでくるたい」と頬を光らせた。『月刊平凡』に載った全女のプロレスラー募集広告には、「給料十万円」とあったのだ。長与は、この頃のことを多くは語らない。

「町から逃げたかっただけです。大村での自分が好きじゃなかった」

高校を受験する級友たちに合格祈願のお守りを贈り、「絶対に一流になります」と道場仲間の前で誓った十五歳の少女は希望に胸を膨らませて上京、当時たったひとつの団体だった目黒区の全女に入団した。一九八〇年春のことである。

しかし、そこは夢見た世界とはほど遠かった。給料は一万円しかもらえなかった。食料は米しか支給されず、毎日、ご飯をタバスコで炒《いた》めて空腹を満たした。先輩後輩の関係は異常に厳しく、何度か泥棒の濡《ぬ》れ衣《ぎぬ》をきせられた。観客の大半は中年男性。試合中、卑猥《ひわい》な野次が飛び、花道やリングの上にまで手が伸びてきた。嫌なことだらけだった。が、何より「リングの上でしか自分を表現できなかった」長与は、思いっきりプロレスができないことに苛立《いらだ》った。

後にタッグを組むライオネス飛鳥には、ひどく痩《や》せて、飢えたような目つきといかり肩の長与が、みんなに誤解されているように見えた。

「許せないものは絶対許せないというのが千種の性格。縦社会のなかで納得いかないことがたくさんあったと思う」

空手を封じられ、試合を外され
なぜ自分は男じゃないのか

当時の女子プロレスには、ある種、伝承芸能の匂いが色濃く残っていた。キックや張り手は禁止、得意技は先輩から後輩へ受け継がれるもの、チャンスは上から順番といった決まり事が多かった。得意の空手を封印され、型にはまった試合を強いられることに閉塞感が強まった。全身にストレス性の蕁麻疹《じんましん》が出て、試合から外される日が続いた。デッキが壊れるほど男子プロレスのビデオを繰り返し観た。なぜ自分は男じゃないのかと悔しかった。

長与に転機が訪れるのは、会社の命令で、飛鳥とタッグチーム、クラッシュ・ギャルズを結成した入団四年目の夏だった。自分と同じ鬱屈《うっくつ》を抱える飛鳥という同志と共に、先輩にほめられる形式重視のプロレスを捨て、リングの中をやりたい放題に暴れ始めた。客席から男性客が姿を消し、やがて少女たちが会場を占拠する。クラッシュブームは、およそ四年にわたって日本中の女子中高生を熱狂させた。それは、少女による少女のための女子プロレス革命であった。

芸能界ではキワモノ扱い
「レスラーを女性のキャリアに」

すでにマッハ文朱、ビューティ・ペアという女の子にアピールするレスラーは登場していたが、先輩のデビル雅美に言わせれば、クラッシュは「観る者に、これは見せ物じゃなくプロレスだとわからせてくれた」。当時、会社が売り出そうとしていたのはクラッシュとは対極にある別のタッグだった。

「あの子たちの試合は面白かったし、お客さんの歓声も凄いのに待遇は下。選手たちがはじめて会社に反発して、二人を盛り上げていったんです」と、デビルは証言する。

今も、リングに赤い紙テープを投げる三十二歳のOLは、「強くて、優しく、あんな人は男にもいない」と目を輝かせる。別の三十歳の女性は、中学のとき、長与を知って不登校をやめた。

「やられてもやられても向かっていく姿を見て、生きる力が湧いてきました」

クラッシュ人気はまた、多くのレスラー志願の少女を生み出した。現在、フリーとしてガイアに参戦するアジャコングもその一人だ。母子家庭に育ったアジャは子どもの頃から大柄で、「お母さんにラクをさせてあげるにはプロレスだよ」と言われるのが嫌だった。が、テレビで長与の試合を観たとき、こんな技の攻防ならやってみたいと全女の新人募集に応募、二十五倍の競争率を勝ち抜いた。全女からガイアに移籍した山田敏代も、長与に憧れて、全女に入団した。

「スカートをはきたくなかったから、長与選手のパンツ姿はカッコよかった。ああなりたいと思いました」

息苦しい現実に汲々《きゆうきゆう》とする少女たちにとって、女らしさの枠を取り払ったクラッシュ・ギャルズは自由の象徴、憧憬の対象であり、新しい生き方のモデルでもあった。

全女の松永高司《たかし》会長は、長与がブームの立役者になったのは、「男の部分と女の部分の両方を持っていたからだ」と話す。リサイタルで、客席から「結婚して〜ッ」と声がかかると「俺は女だぞー」と笑っていた。一千万円の臨時ボーナスを渡したときは、「いらない。いつまた景気が悪くなるかもしれないんだからとっとけ」と、「男気」を見せた。

しかし、会社は、長与にレスラーとしての将来図を描くことを許さなかった。当時全女では、「嫁に行けなくなる」という名目で、二十五歳定年が不文律。選手は稼げるようになったところで、モチベーションを奪われ去っていくのが常だった。デビルがカードから外された日、長与は「俺は試合に出ないぞ」と会社に掛け合い、決定を撤回させた。だが、自身は、対戦相手が決まっている試合に行き詰まりを感じるようになる。父に、「お前のプロレスは横綱相撲で面白くない」と指摘された。現状を打破したいと、発足したばかりのジャパン女子プロレスの神取忍《かんどり》との試合を会社に頼み込むが、「メリットがない」と一蹴《いっしゅう》され、「お前も来年からポスターの扱いが小さくなる」と言われた。

年収は最盛時で五千万円、と松永会長は言う。けれど年間三百十もの試合をこなし、会社に莫大《ばくだい》な利益をもたらしたスーパースターも二十五歳で捨てられる。こんなところにいたくない。もう少しと引き止められたが、長与は二十四歳で、「生まれ変わってもプロレスラーになります」という言葉を残して、全女を去る。

クラッシュ時代に母が子宮がんを患い、父が左目を失明した。それから一家を支えてきた長与は、とにかく稼がなければならなかった。新天地を芸能界に求めたが、そこでは力持ちの女というキワモノのように扱われた。

その頃の長与とはじめて会った劇作家のつかこうへいの目には、雨に打たれた行き場のない仔犬《こいぬ》のように映っていた。

「あの明るさを支えるものは半端じゃない。女の子が股ぐら開いて闘ってるんだよ。それが正当に評価されないあの子の悔しさは俺にはよくわかった」

九一年、つかが長与を主演に書いた、「天に向かうヒマワリのような女の子たち」の物語、『リング・リング・リング』の舞台は大ヒット。映画化もされた。撮影のためにリングに上がった長与はこの上もなく輝き、その姿を見て、エキストラとして後楽園ホールを埋めた二千人のファンは感極まって泣いた。

つかとの出会いは、長与の眠っていた魂を目覚めさせ、使命感を賦与《ふよ》した。

「台詞を言いながら、お前が女子プロレスの世界を変えろとつかさんに言われているような気がした。色物に見られるのも、ないがしろにされるのも、それまでずっと嫌でした。レスラーを女性のキャリアとして問おうと思いました」

プロスポーツのなかでプロレスの地位は低い。それでも男子レスラーならそこそこ売れれば家を建てられるのに、女子レスラーでは車を買える選手さえ稀《まれ》だった。女子レスラーをちゃんとした職業にしたいと訴える長与の背中を、マネージャーだった杉山由果《ゆうか》（ガイア副社長）は、「歴史に残ることしようよ」と、押してやった。使命ができて、それまで遊び歩いていた長与が変わった。ひたむきさを取り戻した。

二十八歳で、戦線へ復帰。クラッシュ引退後、衰退した人気を苦労して盛り返した後輩たちは、白い目を向けた。客席からは、今まで浴びたことのないブーイングの嵐。三十歳でガイアを旗揚げしたときも、「お前に選手は育てられない」「借金を作るのが関の山」と、女プロレスラーが団体を立ち上げることに周囲は冷ややかだった。

しかし、九五年、ガイアの興行が始まると業界は震撼《しんかん》した。第一試合からメーンのカードを組んでくる。ベテランが新人とタッグを組む。プロレスのカタルシスがそこにはあった。受け身と基本的な技を二つ三つ教えられてデビュー、試合で経験を積んでいくのが従来の女子プロレスラーだったが、ガイアの新人は誰もがレベルが高く、生き生きと個性的であった。プロレス雑誌は、「驚異の新人」と書き立てた。

「彼女ほど新人育成に手間と時間を費やした選手はいない」と、ライターの須山浩継《ひろつぐ》は断言する。

新人養成にかける長与の情熱は生半可なものではなく、練習は厳しかった。ガイア一期生の里村明衣子《めいこ》は、入寮当初、あれが始まるのかと思うだけで、朝起きるのが怖かったという。頭を打って失神したら、「そんな受け身をとるからだ」と水をかけられる。十キロ太れと言われ、毎晩、十杯のご飯を食べさせられる。脱落者が続出し、残った新人たちもときに反発し、ときにやる気をなくした。定着する新人は決して多くない。

長与が作りたいのは、男のためのビジュアルレスラーではなく、自分の力を全開できる下半身のしっかりしたレスラーである。プロレスは死と隣り合わせだ。死なないための練習なのだ。だが、全女時代、後輩と軽口を叩いたことも、食事をしたことさえない身には、新人たちとの接し方がまるでわからなかった。

「でも、彼女たちに育ててもらいました。プロレスでももう超えられちゃいましたね。彼女たちに負けてボロボロになってリングを去っていくのが理想です」

ガイアでは、試合中の怪我の治療費は全額会社が負担する。休場中の生活も保障する。引退後の選手のために新しいビジネスを模索中。興行数は自主興行のみ平均月四回。選手生命は長くなり、地元プロモーターの酒の相手をする必要もない。フリーのデビルは、ガイアを戦場とする理由を「あそこにはプロの選手たちが上がっているから」と端的に表現した。ガイアの商売上手を揶揄《やゆ》する人は多いが、ここにはかつて長与が苦しんだフロントと選手の間の壁はない。

「はじめてここにいたいと思う場所が見つかりました。ここがいいんです。ガイアのみんなが、家族です」

ダイエットや美容ブームのなかで、美の世間値から逸脱しながら光彩を放つ女子プロレスラーたち。作家の堺屋太一は、女子プロレスを「あらゆる差別を超えてなお華やかである」と喝破した。アジャコングは、「普通でいたくない人を優しく迎え入れてくれる場所がリング」と言う。そして、長与は「誰からもどこからも見られる四面の世界は魅力です」。

ガイアの選手にとって長与は厳父であり、同時に慈母である。自分の家族を持つことによって、父の期待と母の願望を両立する生き方を発見した。自分が自分であることを誰からも貶《おとし》められない世界を求めて、女子プロレス五十年の歴史に楔《くさび》を打ち込んだ。しかし、志はまだ半ば。

「これからプロレス界の男と女の間にある鋼鉄の壁を壊します」

長与千種の革命は終わらない。

「アエラ」二〇〇三年三月十日号掲載

スタイリスト **北村道子**

身体が歓喜する服

撮影 河合昌英

女優の安田成美《なるみ》は、結婚式が終わってからも、披露パーティーで着た衣裳を自宅に飾っていた。それはいくら眺めても飽きなかった。花嫁を牡丹《ぼたん》に、花婿を菖蒲《しょうぶ》に見立てて作られた衣裳はすべて絹地で、幾通りもの着こなしができ、普段にでも使えた。婚礼衣裳のイメージにとらわれないあまりに美しい服だった。

安田が、この衣裳を作ってくれたスタイリストの北村道子と出会ったのは一九九〇年の初めだった。キッコーマン丸大豆醬油《しょうゆ》のCM撮影で顔を合わせた。大抵のスタイリストは服をきれいに見せることにこだわり「汚さないで、皺になるから座らないで」と注文したが、北村は撮影が始まる前に服を持ってきて「身体になじませるために今から着ておいて」と指示した。撮影中も皺や襟を直しに来なかった。当時の安田は二十三歳になったばかりで、十代半ばのデビュー以来いつの間にか自分の意志より状況を優先させる習性が身についていた。北村が出現したのはそんな時期だった。

「北村さんに会ってから、私は、自分がどう思うのか、どうしたいのかと考えるようになりました」

この夏、「フラウ」編集部の三ツ間詳二《みつましょうじ》は、篠山紀信《きしん》が今世紀最高のプリマと讃えられるシルヴィ・ギエムを撮るとき、衣裳を北村に頼んだ。「マドモアゼル・ノン」と呼ばれるほど写真や衣裳に厳しいギエムを服で説得できる人が必要だった。イッセイを着たいというギエムの意志は伝えてあったのに、当日、北村が用意したのはコム・デ・ギャルソンと自ら染めた服だった。緊張して成り行きを見守る三ツ間の前で、ギエムは満足そうに微笑んだ。

衣裳はギエムの動きを殺さず筋肉の一筋一筋が浮かび上がるように計算されていた。鍛えられたダンサーの肉体はヌードよりはるかに官能的に見えた。

スタイリストは七〇年代消費文化の隆盛と共に市民権を得た職業である。広告、雑誌、テレビ、映画などあらゆる表現媒体で衣裳を担当する。北村は草分けの一人だ。主な活動の場である広告がサブカルチャーとして注目を集めた時代、すでに業界きっての売れっ子で、今なお第一人者である。北村の仕事を目にしたことのない人はまずいないに違いない。

北村のアトリエは六本木にある。三十畳ほどの部屋は塵《ちり》ひとつなく、香の匂いがたちこめている。杯に盛った水と塩。曼陀羅《まんだら》と仏像と布。額に入ったアインシュタインの顔写真。芝公園で拾ったテレビの横にはバング&オルフセンのプレーヤー。文机《ふづくえ》の前に陣取った北村は、洗い晒しのTシャツに布を腰巻きのように巻いている。前髪はオウム真理教の信者に間違われてから眉の上でスパッと切り揃えた。迸《ほとばし》るように言葉が流れる。

「私は被写体が気持ちよくいてくれるのが一番。イカしてやろうって思う。洋服って歓びだからね。俳優さんたちは身体が歓ぶと演技につながるのよ」

この衣裳哲学は、金沢女子短期大学付属高校時代に芽生えている。通学バスの人込みに耐えられず午前中の授業に出たことのない少女が、駿足《しゅんそく》を買われ陸上短距離の選手として県大会に出場した。走る前に更衣室の鏡を見た瞬間、負けることがわかった。チョーチンブルマーの自分より、身体にフィットしたショーツをはいた隣の生徒がはるかにカッコよかったからだ。

「日本がオリンピックで勝てないのも制服のせいだよ。あんな汚いもの、着ている選手全員がイヤなんじゃない？ あれ誰がデザインしたのか知らないけど、相当お金がいっていると思う。利権で服作ってることが日本のダメさを象徴してるよ」

テレビマンユニオンの是枝裕和《これえだひろかず》は、映画『幻の光』を監督するときに、初対面の北村に「闇に溶け込んでいく衣裳をやりたい」と脚本を渡した。二週間後「私は衣裳屋じゃないからこれ以外に選択の余地はない。任せるか任せないか」と、Ａ４のノートを見せられた。そこには、ファーストシーンからラストシーンまでの衣裳がすべてデッサンされて、ところどころ布まで貼られていた。是枝は周囲の反対を押して北村を起用し、彼女の「計算が狂うのでライトはあてないで」という厳しい注文にも応えた。

仕事で新しい服は使わない
十本の指で、選別した美しい記憶を再現する

撮影中、ブラウスに手を通した十二歳の子役が「こんな服着たのはじめて」と呟《つぶや》いた。それは風をはらむよう斜めに裁断した絹地で仕立ててあり、少女の肉体の線を生かすように襟ぐりや腕回りのパイピングをあえてほどこさず、肌になじませるために洗いこんであった。撮影終了を待っていたようにブラウスは破れた。

北村は仕事で新しい服は使わない。真新しい服は被写体をプラスチック人形のようにただきれいなだけの存在に見せてしまうからだ。借りることに比べれば莫大な費用と時間がかかるが、彼女は自分で服を作るようになった。生地をレンガや醬油と一緒に洗濯機で何度も攪拌《かくはん》し、陽に晒す。その布を信頼する職人に仕立ててもらう。仕立て上がった服を、撮影前日さらに自らの手で揉《も》みほぐす。そのため腱鞘炎《けんしょうえん》にもなった。九五年に上映された『幻の光』はいくつもの映画賞に輝いたものの、批評家のなかには衣裳を洗練されているが現実感のないファッションと批判する人もいた。

しかし、北村はこれまで生きてきたなかで見たものしか表現したことがない。十本の指を使って生み出すのは選別した美しい記憶の再現である。『幻の光』の江角《えすみ》マキコが着ていたシャツやスカートは、母がよく着ていた形と色だ。『東京日和』では、竹中直人監督に白いエプロンを作るように言われて反発した。生まれ育った金沢の女たちは、正月以外、汚れが目立たないプリントのエプロンしか着けていなかったからだ。

記憶の端緒には、いつも父の姿がある。勤め人の父は病弱な母に代わって畑を耕し、ご飯を作った。パイプをくゆらし、絵を描き、草野球の監督をした。母と二人の姉と並んで、玄関で父を迎えるのが子どもの頃の日課だった。父は黒いランドセルと黒い長靴を買ってくれたが、貰い物のミルク飲み人形は「飽きるものはダメなんだ」と竈《かまど》で焼き捨てられた。父が四十歳で亡くなったとき、北村は小学五年生だった。映画『それから』で松田優作が着た衣裳は、父の服装の復元である。

学校では画一的な教育に馴染《なじ》めず、一人ぽっちだった。大半の時間を、眺め、想像して過ごした。自分の五感だけしか信じられなかった。唯一の慰めは図画の授業だったが、北村の絵はすべてが赤と緑の絵の具で描かれていた。赤と緑で絵を描いていれば、男の子に背中を画鋲《がびょう》で突き刺されても平気だった。

中学に上がると、受験勉強を名目に借家の二階に一人で暮らした。お腹がすくと生の人参を齧った。勉強でイライラしては真っ赤な油絵の具で部屋を塗り潰した。十七歳で恋をした。大学受験を機に、周囲の目から逃《のが》れるように金沢を離れた。十九歳で上京。西新宿十二社《じゅうにそう》の下宿から建築中の京王プラザが見えた。

この頃、金沢から東京に向かう夜行列車の中で、北村の性格を一変させる事件が起こった。寝台車の下段に眠っていた北村は上段の女性が強姦されるのに気づき、犯人を捕まえた。上野の公安室でメソメソと泣くだけの被害者に自分が重なった。そのときから弱い人間がイヤになった。

東京ではガリ版刷りのポルノ小説を売り、肉体労働やゴーゴーガールをして生活費を稼いだ。東京という都会は眠っていた感覚を覚醒させ、将来に多くの選択肢があることを教えてくれた。女の人生が限られている北陸の地では決して味わえない体験だった。

秘書として勤めていた山本寛斎《かんさい》の事務所を退社後、五ヵ月間をパリで過ごした。そこで、成瀬巳喜男《みきお》監督の『浮雲』を観た瞬間、この人を手伝いたいと帰国を決心。帰りの機内で隣り合わせた男性にその話をすると「彼は亡くなっている。それならスタイリストになれば」と広告代理店を紹介された。二十六歳のときだ。

最初に化粧品メーカーのキャンペーンという大きな仕事を手に入れたが、スタイリスト業に本腰を入れるのは資生堂のファッションディレクター、平山景子に会ってからだ。PR誌「花椿《はなつばき》」を編集していた平山は、雑誌の顔である表紙のスタイリングを七八年から二年にわたり、新人の北村に任せた。平山は彼女の「靴なんかいらない」という大胆さや、現場でアイデアを生み出せる発想力、瞬発力を高く評価した。北村は「好きにやってみたら」という平山の言葉で、服が自己表現になることの快感を教えられた。

四九年生まれで団塊の世代の北村は、トラックいっぱいの一人としてそれまでの人生を過ごしてきた。スタイリストになっても自分のような発想をするヤツは百人はいる、仕事なんか来ないと半ば諦めていた。だが前にも後ろにも同じような人間は一人もいなかった。時代に請われるように、ＰＡＲＣＯやサントリーなどの先鋭的な広告を次々と手掛けていくことになる。

写真家の藤井保《たもつ》は駆け出しの頃に北村と組んで、メジャーな仕事へのきっかけを与えられた。北村はそのときからどのスタイリストとも違っていた。「どんな服にします？」「何色？」と質問攻めにしない。衣裳は私の分野と主張し、着せた後は、写真家を尊重してスタジオに入ってこないこともある。ロケでの宿泊先や食事にも無頓着で、買い物に夢中になることもない。

当時の北村は常に流行の先端にいた。黒ずくめの服装と丸刈りのようなショートカット。売り出されたばかりのホンダのオープンカーを駆り、夜はディスコを回遊、二十四時間、五感を覚醒させて生きていた。

転機が訪れたのは三十八歳のときである。女性歌手の巨大な衣裳を手掛けていて、武道館のステージ上二十メートルの高さから真っ逆さまに転落、コンクリートの床に叩きつけられたのだ。その落ちる何秒かの間に、身体から十円玉大の細胞がいくつもの泡となって浮き上がるのを見た。曼陀羅の世界がパノラマのように広がった。天国へ行く道だったと後で思ったが、この一瞬の体験が、次なる世界へと北村を導いた。
「あの臨死体験がなきゃ、相変わらずイカれた女だったと思うよ。それまではジャンキーだったから、感情をぶつけるだけの攻撃的な衣裳作りをやってた。薬やめてからきれいで優しい衣裳を作れるようになった」

「世間知らずの彼女がそれでも求められるのは、作る服に力があるから」

四十歳で乳《にゆう》がん摘出手術を受ける。東京女子医大の伊藤悠基夫《ゆきお》助教授が告知したとき、北村はまったく動揺を見せなかった。退院後の診察時には「ヒマラヤに登ってきた」と真っ黒な顔で現れ、伊藤を驚かせた。
入院中は、シーツから壁、冷蔵庫に至るまでを好みの布で覆い、身体からチューブでぶら下げている廃液袋にまで絣《かすり》の布を被《かぶ》せた。見舞客が持参した花束をその場で生け直した。何枚もの雑巾《ぞうきん》を縫って病室を磨き込んだ。美容師の太田潤司《じゅんじ》は髪を洗ってあげようと出掛けた病室で、パーマをかけるように頼まれた。太田は、たとえ入院中であっても衣裳や住空間に徹底してこだわるところに北村の本質を見る。

「交渉が下手、コネクションを利用しない、人にとり入らない、と三拍子揃った世間知らずの彼女が、それでも求められるのは彼女の作る服に力があるから。衣裳が彼女と世間の接点になっているんです」

サン・アドのアートディレクター、葛西薫は、北村の最も信頼厚い同志である。三十歳の葛西が出会った同い年の北村は、仕事が早く的確で、ボタンのとめ方ひとつから日本人論を展開した。そのときから、このスタイリストが企画そのものを根本的に変えた刺激的な場面に幾度も立ち会ってきた。彼女の作風の変化を強く感じたのは、九一年、サントリー烏龍茶《ウーロン》のCM撮影のときだった。バドミントンのシーンに、北村はスポーツウエアではなく羽根のようなシフォンの衣裳を提案した。誰もが首を傾《かし》げたが、出来上がったのは見たこともないような幻想的な映像だった。後に類似の広告が頻発した。

だが、商品名を声高に叫ぶだけの近頃の広告は北村を苛立たせる。「僕も広告はどうしようもないと思いながらやっている」と告白する葛西によれば、売らんかなの広告が増えていくのは、八〇年代半ば、スーパーにコンピューターが導入されて以降だ。バブル崩壊後はいよいよ金を出す側の力が強まり、表現への欲求と良心を抑え込むことに苦しむ制作者も少なくない。

最近のCM撮影現場には、スタッフの他にスポンサーや広告代理店の営業マンなど五十人もの人間が立ち会う。北村は、そんな現場に虚しさを感じてしまう。さらに、練り上げた企画がスポンサーの意向という名のもとに簡単に変更される。盟友たちが現状を易々《やすやす》と受け入れてしまっていることが絶望に拍車をかける。

かつての学生運動の闘士たちが、恥ずかしげもなく金儲《かねもう》けに走る。クリエーターと呼ばれる男たちが五億の家に住み、ベンツを乗り回すのが妥協の産物のように思える。ロケ先で通訳を付け、一流ホテルに泊まり十万の食事をする。そんな金があるならもっと衣裳代を出して欲しい。経済を牛耳る男たちが結託していると感じる度に、疎外感は強まる。藤井保は「男同士はなんで許し合うの」という北村の嘆きを何度も聞いている。

業界から疎まれ恐れられても、北村にはいい作品を作る以上に大切なことはない。

物分かりのいい大人への転向を拒否したベビーブーマーの数少ない一人

広告に希望を失うにつれ、北村は映画の衣裳作りに耽溺《たんでき》していく。彼女は映画に携わる度に、五ヵ月近い時間と預金を吐き出す。『幻の光』では車と和歌山の家を売った。予算では布代さえ出なかった。『東京日和』では三百万近く持ち出した。絹やカシミアの極上の天然素材を職人の手を借りて服にし、既製の服はコム・デ・ギャルソン以外は使わないからだ。

「そこらへんで貸してくれるもの着せても五感が痺《しび》れない。何本か映画やったけど予算はどれも二百万。それだけの仕事としか見られてないから仕方ないね」

北村にとって儲けることは簡単だ。が、それはやりたくないことをやることに他ならない。

渡辺久子は、二十年前に埴谷雄高《はにやゆたか》について論争した頃に、北村が稼ぐことに罪悪感を持っていると気づいていた。東大紛争や三里塚《さんりづか》を経験している渡辺にどこか引け目を感じているようで、四十歳を過ぎてデザイナーからケースワーカーに転職すると告げたときも感じ入った様子だった。北村が三十代半ばでマネージャーに騙《だま》されて二千万円もの税金を追徴されたときから、いつもハラハラと彼女を見守ってきた渡辺が親友を語る。

「一歩間違えばドン・キホーテになってしまいかねないけれど、彼女の言ってることは全部正論。やってることは正しい。世間の常識なんかより正義を優先させてしまうだけ」

コム・デ・ギャルソンの広報の責任者、武田千賀子も渡辺と見方を一にする。七八年に商品の貸し出しを頼んできた北村と知り合い、そのとりつくろわない人柄に親近感を抱いた。武田は、北村の熱意と痛快な仕事ぶりを買い、特別に便宜を図るようになった。

「ただのおきれいではない、新しく刺激的なものを作ろうとする姿勢。命がけで服を作っているところが、北村さんと川久保《かわくぼ》の共通点です」

北村は、川久保玲の作るサテンのガウンでメラメラと身体中が歓ぶのを感じて以来、川久保の崇拝者だ。服を作るようになっても川久保への尊敬は揺るがない。北村が川久保を唯一絶対のデザイナーと仰ぐのは無論才能故だが、服を作ることだけに没頭し、闘い続けている姿勢に同性として共感と憧憬を覚えずにはいられないからだ。けれど、それらは実は安田成美が「心の拠り所」と言い、江角マキコが女性誌の取材で「尊敬する人」と北村の名を挙げる理由でもある。

気にいらないことがあれば仕事の途中でも降りる。現場に行って服だけ置いて帰ってくる場合もある。映画の仕事でも納得できないときは名前を外してもらう。「もう子どもではない」と大半のベビーブーマーたちが物分かりのいい大人に転向していったなかで、北村は子どもでいることをやめなかった数少ない一人である。そのためにいろんなものが手からこぼれ落ちていった。

北村には、最近になって書けなくなった作家が自殺する気持ちがよく理解できる。流行やモダンという価値観のなかで生活してきた者には時代に取り残されることへの恐怖がつきまとう。四十八歳という年齢がその恐怖を一層身近に感じさせる。しかし、一方では、五十になれば再び活動期がやってくる予感もある。そのときには、肉体と布がお互いを犯し合うような衣裳が作れるかもしれない。やさぐれものにしか物は作れないと信じるスタイリストは、少女の頃に抱え込んだアウトロー意識に支えられて、これからもひたすらその手で衣裳を作り続けていくのである。

最後に会った日、北村は「今日で終わりだね。身体にいいよ」と百年前のワインを差し出した。途中、仕事を打診する電話が入った。

「お金があるんなら若い人に頼みなさい。ないなら私に言って。絞れるだけ絞れる知恵だけはあるから」

受話器に向かってそう言うと、ガッハハと笑った。

「アエラ」一九九七年十一月二十四日号掲載

重信房子

この空を飛べたら

撮影 ムトー清次

[父の娘]

今年二月、渋谷のBunkamuraシアターコクーンでは、ジャン・アヌイ作、蜷川幸雄演出の『ひばり』が上演されていた。十五世紀初頭、神の啓示を受けて、馬に乗ったこともないオルレアンの少女が軍隊を率い、イギリス軍と戦って連戦連勝し、百年戦争終結の糸口を作った。ジャンヌ・ダルク。舞台では、フランスを救ったはずのジャンヌが、宗教と政治と権力をめぐって大人たちの思惑が交錯するなかで、イギリスで異端裁判にかけられ、法廷で自分の半生を演じさせられている。

「私は優しく、ものわかりもよかったし、教会にもよく行っていました」

農家の明るくまじめな娘が火刑台に上るまで。この芝居がフランスで初演されたのは、第二次世界大戦の記憶が残る一九五三年。アヌイの描くジャンヌは、われわれがイメージする無垢で清廉潔白なだけの聖女ではない。パンフレットの中の蜷川の言葉を借りれば、こうだ。

「彼女は使える武器は全部使いますね。宗教のある理念を押し通すのではなく、人間としての知恵、感覚、論理、すべてを総動員して状況を切り拓《ひら》く。それが彼女の戦い方なんです」

天性の力で人を惹きつけ、心にスルリと入り込み、慰め、力づけ、ほめあげ、説得して戦場に赴く。そして「戦争は好きだったか」と訊ねられると、「夜になると、私は戦場で泣いていました。朝の楽しい宴が、こんなにもたくさんのあわれな死者を生み出してしまったのを見て」と答える。三時間十五分、松たか子演じるジャンヌは、背中に青い炎を立ちのぼらせて「信じるもののため」に苦悩し、疾走した。

『ひばり』の冒頭、ジャンヌをとらえたウォーリック伯爵の台詞で、現代の女性革命家の物語の幕を開けよう。

「白く美しい鎧。旗。優しく厳しい処女の戦士。あとになれば、こんな銅像が建つでしょう。時をへて、政治の風向きが変われば、求められるものも変わる。（中略）今のところ、垢まみれの魔女を、ルーアンの牢獄ふかく、寝藁の上に勾留している」

アラブの戦火を闘い生きたシンボル

十月四日、東京高等裁判所一〇二号法廷の被告席に、重信房子《しげのぶふさこ》が座っていた。水色のシャツにベージュのジャケットを重ねて、黒いパンツ。耳の下で切り揃えた髪には白いものがまじり、魔女と呼ばれ、流れるような黒髪が男たちの憧れをかきたてた頃から長い時間が経過したことを物語る。だが、傍聴席に見知った顔を見かけると、若いときの写真そのままの柔らかな笑みが浮かぶ。開廷ぎりぎりに娘のメイが駆け込んできたのを認めると、安心したように弁護人から手渡された分厚い「弁論要旨書」に目を落とした。

日本赤軍の最高指導者であった重信が、二〇〇〇年十一月八日に大阪の高槻市で逮捕されたとき、新聞各紙は一面で報じ、全共闘世代の間に衝撃が走った。一九六〇年代後半から七〇年にかけて、日本全国で、世界で、ベトナム反戦など「社会正義を求めた」学生運動の嵐が吹き荒れていた。一般市民をも巻き込む政治の季節であった。だが、七〇年代に入ると運動は一気に失速、その硝煙の中から世界の革命家が集まるアラブに飛び、パレスチナ解放運動に身を投じたのが、重信であり、その仲間だった。

アラブは今なお戦火が絶えない、世界の火薬庫である。七二年五月、重信の同志である岡本公三ら三人の日本青年が、イスラエルのテルアビブ・ロッド（リッダ、現在のベン・グリオン）空港を襲撃、約百人の死傷者を出し、同志二人は自爆死、岡本はイスラエル軍にとらえられた。極悪非道なテルアビブ乱射事件と報じたアメリカや日本、イスラエルに対して、アラブではこの事件はリッダ闘争と呼ばれている。大国にとってのテロ行為は、郷土を奪われイスラエル軍の絶え間ない攻撃にあえぐパレスチナ人民には、福音と希望をもたらした英雄行為となった。

このテルアビブ事件以降、日本赤軍は、海外で五件の国際テロ事件を起こし、西欧諸国から国際指名手配された。一方で、アラブでは、義勇軍として迎え入れられた。世界の勢力地図の中で「テロリスト」であり、同時に「英雄」だという両義性を体現する日本赤軍は、また全共闘世代にとっては、「見果てぬ夢」を追い続ける象徴でもあった。ことにリーダーの重信は、さまざまな伝説によって彩られた存在である。

重信が三十年ぶりに日本に現れたとき、かつて青春の情熱を学生運動に傾けた同学年の女性は、何とも言えない気持ちになったという。
「女性リーダーはカッコいいけれど、武装闘争は間違っている。ああ、そこまで行ったのかと、見ていました。でも、彼女、子どもを産んで、育てていて。何十年もあの土地でちゃんと生きてたんだね」

重信が問われている罪は旅券偽造と、七四年九月、日本赤軍が同志三人を奪還する目的で起こしたオランダのフランス大使館占拠事件（以下、ハーグ事件）の逮捕監禁・殺人未遂の共謀共同正犯である。彼女は、旅券偽造は認め、「関係者に迷惑をかけた」と深く陳謝した。だが、ハーグ事件に関しては否認、無罪を主張した。
「私は、最初に日本赤軍を作り上げた者のうちの一人であり、その政治的・組織的責任を引き受けることは当然のことと考えています。しかし、私は事前に、何をどのように攻撃するといったような謀議には、参加しておりません。(中略）この仏大使館占拠の実行行為者とされる同志たちが殺人未遂を否認している件に関しては、彼らの正当性を信ずるが故に、殺人未遂を否認します」

二〇〇一年四月の初公判の前に重信は、「日本社会の中に生きられなかった反省をこめて」、日本赤軍の解散を宣言していた。裁判の争点は、重信に「指導的関与があったか」どうか。五年に及ぶ長い公判のなかで、鉄壁の革命家集団と喧伝されてきた日本赤軍の意外な実態が徐々に明らかにされていった。

〇六年二月、東京地裁は、懲役二十年の有罪判決を申し渡した。無期懲役を求刑した検察側の訴えは退けられた。弁護側、検察側、ともに控訴。

法律学者の宮崎繁樹はずっと裁判を傍聴してきた。彼は、六六年から六七年にかけて全共闘の学生たちが明治大学を全面的に占拠した「明大闘争」で、学生部長として学生と対立する先頭に立っていた。

「証拠から見て、重信さんに責任を負わせるには無理がある。でも、彼女は革命のシンボル。しかも、政府はフランスやオランダ、そしてアラブと対立するアメリカへの遠慮がある。これは一種の政治裁判です。世界情勢のなかで日本がどうなるかで、重信さんの運命も変わります」

十月四日は、四月から始まった控訴審の結審であった。四人の弁護団は二時間にわたって熱弁をふるった。向かいの検察席には、はじめて立ち会う検察官が一人座り、弁論はしなかった。判決の日は十二月二十日と決まり、閉廷した。

獄中でできることをいつも考えている

翌日、小菅にある東京拘置所で、重信と会った。週に五回、三十分ずつ許される、独房と同じくらいの狭さの運動場で8の字に走ってきたばかりだとかで、長い勾留生活で青白くなった頬に少しばかり赤みがさしていた。逮捕時より五キロ太り、メタボリックだと言うが、アクリル板越しにも整った顔がふくよかさを取り戻したのがわかる。

「早期に下される判決には希望が持ちにくいと、少しがっかりしました。でも、めげてなんかいませんからね」

結審についてひと言感想を口にしたあと、重信は穏やかな声で、貴重な面会時間だから取材のために使おうと、にこにこ笑いかけた。

重信とはじめて手紙を交わしたのは六年前、それまで存在が秘密にされていた娘のメイが日本国籍を取得し、日本の地に降り立って間もなくの頃だった。当初はメイへの取材だったが、私の関心は重信房子その人に向いた。「権力」を否定し、「平等」を標榜しながら女性差別に無自覚だった学生運動のなかで、そして大半の運動家たちが市民生活に回帰していったなかで、女性である重信が最もラディカルな集団を率いた。その理由と心情、人生が知りたかった。

「リーダーといっても、他にやる人がなく、大変なことばかりだったというのが実感です。いつでも捨てたい役職ながら、傲慢にも長く居すわってしまって恥ずかしいです。今は、個人として開き直れる余地があるのは、いいなあって。でも、獄中にいて、私ができることは何だろうといつも考えています。ひとつの変革を目指した者としてできることはしたい」

六月に、それまでの接見禁止が一部を除いて解除されて以来、毎週のように小菅に通った。といっても面会時間は十分あるかないか。インタビューは、おのずと手紙でのやりとりになり、重信から来る手紙は細い罫の便箋に小さな字がぎっしり詰まっていた。彼女は筆まめで、この取材以外にも、旧友や親族、支援者への手紙、支援誌の記事や公判のための弁論など、膨大な量の執筆を続けている。そのため、右手首に浮腫ができるほどの重い腱鞘炎が治らない。文学少女であった人の文章は、節と節とが交錯するうねるような独特な文体で、そこに意味不明な左翼用語がちりばめられている。「セクトの違いが理解できない」と書けば、丁寧な説明とともに資料がどっと送られ、「この人に聞けば」と次々と旧友や関係者を紹介してくれて、「あとはお好きに」。まるで指導教官のようだ。

ルビコン川を越えるまで、この人の夢は小学校の教諭になることだった。

「死んで詫びろ」の声に頭を下げなかった父

重信は、敗戦直後の四五年九月二十八日、世田谷の馬事公苑近くでよろず屋「日の出屋」を営む、父・末夫、母・よし子の三人目の子どもとして誕生した。その日の『朝日新聞』の一面トップは、「天皇陛下、マックァーサー元帥御訪問」。二十九日には、進駐軍の総司令本部に出向いたモーニング姿の天皇が直立不動で立つ横に、軍服を着たマッカーサー元帥がポケットに手をいれた姿で並ぶ写真が大きく掲載された。

重信は、豪快な声で泣きながら生まれてきた瞬間、父の兵児帯《へこおび》を握ったという。三つ上の兄、二つ上の姉がいて、三年後に弟が生まれる。姉のすみ子が、「妹は父の秘蔵っ子だった」と認めるとおり、重信は生まれながらに「父の娘」であった。

すみ子は、妹の逮捕を知ったとき、「もうこれで殺されることはない」と胸を撫でおろした。ＣＩＡやモサド（イスラエル諜報特務庁）の暗殺対象であり、西欧諸国で見つかればその場で射殺されてしまうと聞かされていたからだ。だが、次の瞬間、またあの悪夢のような時間が始まるのかと思うと総毛立ち、すぐに母が暮らす家に走って、表札を外した。テルアビブ事件のあと、重信の家族には警察の監視がつき、世間の非難を浴び続けた。同事件の三ヵ月前、十四人の同志殺しがあった連合赤軍事件の発覚後、生き残った坂東國男の父親が「世間にお詫びする」と縊死《いし》した痛ましい出来事があった。だが末夫は「死んで詫びろ」と罵倒する電話にも、決して頭を下げなかった。

「二十歳を過ぎた娘が自分の考えで行動していることを親がいちいち謝らんといかんのでしょうか。それは娘に対しても失礼です」

父の言葉を聞きながら、すみ子は心の中で「謝れ、謝れ」と叫んだが、今になれば、あのとき父が頭を下げなかったのは、「変わらずにお前のことを守っている」という妹へ向けてのサインだったと理解できる。末夫は子どもが生まれると、その写真の裏に「よき日本人として生きよ。父は生涯お前を守ってやる」と書く人だった。八二年、末夫が七十九歳で亡くなったときには、葬式に参列した親族全員の顔写真が写真週刊誌に載り、「重信房子の父親がやっと死んだか。ざまあみろ」と言う人までいた。

すみ子は、父の人生はままならないものであったろうと、その心を推察する。

「若い頃は希望と絶望の繰り返し。子どもが生まれて幸せだったでしょうけれど」

父の価値観と母の苦労
貧しさのなかで育って

末夫は、一九〇三年、宮崎県都城市に生まれた。彼の幼い頃に「青鞜」の平塚らいてうに心酔した母親は、厳格な教師の夫に耐えきれず、子どもたちを置いて下男と出奔。以来、父親は離島の学校を転々とし、家族を顧みなかったという。末夫は親戚に預けられて都城中学を卒業し、神楽坂の東京物理学校（現・東京理科大）に入学した。だが、学費が続かず中退、故郷に帰り塾を開いていた頃に、中学時代の親友で、東京帝大に進んだ池袋正釟郎から「今、日本は急を告げている。すぐに上京しろ」と手紙が届き、上京した。

そこには、「昭和維新を起こすべく」、日蓮宗僧侶・井上日召《にっしょう》のもとに、四元義隆らが集まっていた。政府や経済界の要人を狙うテロルの計画が進むなかで、末夫は井上日召に「君は田舎に帰り、日本の現状を伝え、後進を育ててほしい」と告げられる。失意のなか、末夫が故郷に帰って間もなく、三一年に民間右翼団体「血盟団」が結成され、翌年、血盟団による暗殺事件が起きる。なぜ自分一人が帰されたのか。仲間足り得る人間ではなかったのか、死なせる人材ではないと思われたのか。末夫は苦悩し、このことが彼の人生を決めたであろうことは想像に難くない。その後、彼は満洲（現・中国東北部）に渡り馬賊になる。

重信が父のこうした過去を知るのは、学生運動を始めてからだ。父は感情的になることもなく、理由なく子どもを叱ることのない人だった。きょうだい喧嘩をすることを「家の中に気に食わない人がいるほどつらいことはない」と何より嫌い、「人は平等、人の価値はいかに自分の良心に恥じないように生きるかで決まる」と子どもたちに正義を教え、「もの知りにだけはなるな」が口癖だった。ことわざの意味を訊ねると、二時間にわたって講義する父の前で、じっと座って聴いているのが小さな重信だった。

末夫より十五歳下のよし子は、おおらかで、「パンを二つに分けたら、大きいほうを人にあげなさい」と言うような人だった。重信もすみ子も菩薩のような顔だちと雰囲気を持つが、それはこの母から受け継いだものだ。よし子は、夫の死後、故・竹中労のインタビューに「変わった人で苦労はさせられました」と答えている。末夫は、商売が繁盛すれば「人の倫理にもとる」と顔をしかめた。「猫のため」と缶詰を買う客には、「うちでは売らない」と断る。買ったばかりの卵を割った子どもには、「あの子の家は貧しい」と新しい卵を袋にいれてやる。戦後間もない食料難の頃は繁盛した店もやがて傾き、重信家の生活は困窮していった。まだ日本全体が貧しい時代だったが、鷹揚なよし子もさすがに「給食費の袋を見るとゾッとする」と身を縮めた。

「食事だけは贅沢でした。店のものを食べ尽くしてわが家は傾いていくのです」と重信は思い返した。

末夫は「貧乏は恥ずかしいことじゃない」と言って、税金が払えず、家具のすべてに赤紙が貼られたときも、「納税の義務が果たせないので私を監獄にいれてくれ」と動じなかった。きょうだいは古い教科書をもらって使い、フラフープが流行っても、別のもので遊んだ。重信は、〇三年に東京拘置所が要塞のような建物になってから、「空調はついたが花も土も鳥も見えなくなった」と嘆く。面会時に「昨夜は月は見えましたか」と聞かれて、さて、月なんか見てなかったなと答えに窮したことがあったが、子ども時代にお金では買えない楽しみを覚えたのだろう。

小さな頃から、「可愛い」と評判だった。近所の男の子を引き連れて遊び、近くの交番に花を届けるような少女は、父の矜持《きょうじ》と、母の苦労を見て育った。布団の中で、明日の仕入れのお金がないと話す両親の声を聞くと、翌日、必ず「おじちゃん家《ち》に遊びに行きたい」とねだった。お金を工面してくれる母の兄の家だ。たび重なる借金に敷居の高い母の心を察して、健気《けなげ》な芝居をした頃には、「教師になりたい」と口にするようになっていた。

目立ちたがりで真面目
人気者だった高校時代

重信が中学二年のとき、父が胃潰瘍で入院した。「日の出屋」は潰れ、一家はトラックの荷台に乗って町田に引っ越した。母が天ぷらを揚げて家族を支え、やがて近くのスーパーで働くようになった。退院した父は火災保険の代理店を始めた。姉は、同級生の親が経営する工場でバイトをし、重信は「主婦の友」や「若い女性」などに手当たりしだい詩を投稿して謝礼を稼ぎ、お金を家にいれた。

六〇年、都立第一商業高校に入学。父が「中学を出たら働けばいい」と言ったときは即座に拒否したが、「商業学校へ行ってくれ」には、うなずいた。大学進学ははなから諦めていた。

この時代から、重信にまつわるエピソードは無数にある。文芸部に入り、志賀直哉や遠藤周作の自宅を訪ねたり、デビューしたばかりの舟木一夫の応援団を買って出たりした。「小さな親切運動」に参加し、「善行少女」と新聞の紙面を飾る。写真部の男子生徒に写真を撮らせ、「ブロマイド」として友人に配る。皇太子ご夫妻臨席の「NHK青年の主張コンクール」に出て、東京地区予選第三位に入賞、などなど。すでに、「辣腕外交官」と呼ばれることになる重信の本質が垣間見える。

同級生の山田美枝子は、親友を忌憚なく語る一人だ。後に重信との特別な想い出を語る男の子が多かったと、苦笑する。

「あの人は、誰にでも仲良しだと思い込ませる能力があるの。男の子の弱いところをフォローするのが上手で、人の意見をしっかり聞いてあげる。虐げられている人へのシンパシー、社会的なことへの関心が強く、正義の旗を振るのが好きだった。真面目で情の濃い人です」

もう一人、日本赤軍が事件を起こすたび、親友とは音信不通なのに公安に追いかけられた人の話も聞こう。吉岡民子が語る。

「あの頃から仕切りたがり屋さんで、華があって、いつも男の子が傍にいた。正義感が強くて、優しくて、人のことに一所懸命になる。その思いは語らずとも共感していました。意志が強くて、エネルギーに溢れていて、何か大きなことをやりそうだなとも感じていた。ただ、人気者なのに、彼女は幸せには見えなかった。ふとした瞬間、とても淋しそうな顔をしていました」

重信は高校に入ると、思春期の少女の多くがそうであるように、父親に反発するようになっていた。彼女は振り返る。

「何をどう生きたらいいかわからなかった。大学行けたらいいなぁ、お金がないなぁという貧しさへの思いからでした」

高校三年のときに書いた小説「朝鮮の子」は、差別と貧しさに泣く少女が主人公である。教師という目標を失い、心の中に小さな風穴が開いていた。校則で禁止されているパーマをかけ、制服のウエストをしぼり、ソックスを足首ギリギリにまるめ、学校をサボって渋谷の街に出かけて男の子をひっかけ、不良ぶっていた。男子高同士の〝決闘〟の立会人を買って出るという、いかにも重信らしい逸話もある。

だが、彼女が、八時には家に戻って、すみ子と交代で家族のために夕食を作る習慣を守れなくなるほど日常を逸脱していくのは、もう少し後のことである。

六四年、高校を卒業した重信は、難関を突破し、初任給一万七千円と、当時高卒女子の給料が最も高かったキッコーマン醤油の社員になった。まだOLという言葉はなく、女子社員はBGと呼ばれた時代だった。

[青春の闘争]

少女漫画史に輝く名作『ベルサイユのばら』の連載が「週刊マーガレット」で始まったのは、一九七二年の春だった。作者の池田理代子がツヴァイクの『マリー・アントワネット』に触発されて描き始めたというこの物語は、フランス革命を舞台にした歴史ロマン。池田の創造した、女でありながら男のように育てられ、軍服姿でブロンドの髪をなびかせ、軍隊の男たちの先頭に立つオスカルの雄姿は、広い世代の女性の心を震わせた。

八五年に「サンデー毎日」で連載された「重信房子・半生を語る　妹へ――ベカー高原より愛をこめて」は、名ルポライターとして知られた竹中労がインタビューと構成を手掛けたもので、さすがに優れて面白い。そこで竹中は、重信に「オスカルさま」と呼びかけている。七一年に日本を発ってからアラブの戦火の中にいた重信には、その意味はわからなかったろうと、東京拘置所に『ベルばら』を差し入れた。独房から感想が届いた。

「しがらみ、制約をぎりぎりまで受容しながら、自分のやり方でそれを超えていくしなやかな自己実現は人々のためにひとつになったことで、オスカルが理想に昇華しています。愛する人々と精神を深く共有しながら、目標理想に殉じていくところに共感を覚えます」

断るまでもなく、重信がオスカルのモデルであるわけはない。ただ、『ベルばら』という作品もオスカルというキャラクターも、時代の気分が色濃く反映されたものだった。池田は団塊の世代、東京教育大学（現・筑波大学）に入学するや学生運動へ走った。その当時の気持ちがオスカルに投影されているかもしれない、と「婦人公論」の取材で語っている。

「私、あの時代に、あの渦中にいてノンポリだった人間は今でも信用できない。ノンポリでは、とてもいられない時代でした」（二〇〇一年七月二十二日号）

フランス衛兵隊を率い、白い馬にまたがったオスカルは胸を飾る伯爵の勲章をひきちぎって、兵士に向かって叫んだ。

「さあ！　選びたまえ！　国王の、貴族の道具として民衆に銃を向けるのか、自由な市民として民衆とともに、この輝かしい偉業に参加するか！」（注・一部句読点を加え、ひらがなを漢字にした）

教師になる夢を追って

明治大学二部へ

勤め始めた重信が現実社会に幻滅するのは早かった。六〇年代はどこの企業でも女性は職場の花でしかなく、「嫁にもらうならキッコーマン」と言われた会社の女子新入社員研修では、「女の美徳は恥じらい。男性社員を助けるのが仕事」と教えられた。しかも、そこは完全な身分社会で、高卒男子は大卒男子の使い走りだった。働きながら勉強できる夜間大学の存在を知ったときの嬉しさといったら、なかった。

「教師になる夢が戻ってきて、一気に目の前が開けたような気分でした」

通学に便利で、学費が安い明治大学二部の文学部史学地理学科を選んだ。母に不足分を出してもらって入学金を払いに行くと、校門の前で学生たちが座り込みをしている。聞くと、「復学闘争」。二部の自治会委員長が授業料値上げ反対運動の旗を振って、退学になったという。白い帽子に白い手袋、ワンピース姿の重信はその場で学生の輪に加わった。六五年まだ早い春、アメリカ空軍が北ベトナムへの攻撃を開始した直後のことだった。

「正しいことをやっているじゃないか。それが私の運動の出発、原点でした」

朝六時半に町田の家を出て、日本橋の勤務先で九時から五時まで働き、終わるとお茶の水の明大に走り五時半から十時まで授業を受ける。それから喫茶店で文学研究会の仲間と大江健三郎や高橋和巳を語り、自治会活動に励み、終電車に飛び乗る。家に帰ると夜中の一時を過ぎていた。

大学二年になる前に、会社を辞めた。仲間の上原敦男らと、明治大の二部に社学同（ブント＝共産主義者同盟の学生組織）のサークルである「現代思想研究会」（以下、現思研）を作り、パーマをかけていた髪も手間をかけなくてすむストレートに変えた。

この頃の運動はまだのどかで、どのセクトに所属するかは「理論的なものより友人関係や印象」で決まり、交わされる会話は「いかに生きるべきか」。はじめてバリケードの中に泊まった日は母の心配を思うと胸が詰まったが、正義への情熱が勝った。根城にしている学生会館に電気釜を持ち込み、貧しい仲間と衣食住助け合いの生活を送りながら授業を受け、空いた時間はバイトに励んだ。重信はホステスをして活動資金を稼いだ最初の女性といわれるが、スナックを手伝ったのが始まりだった。後に、連合赤軍事件で殺されることになる親友の遠山美枝子も一緒だった。

「より多額のお金が稼げると、水商売へいきました。モラルの強い少女が、学生運動のなかでしがらみを取り払うような自由に浸りながら走り始めたのです」

日本が高度成長をひた走る時代のキャンパスの文化は、〝反体制〟だった。泥沼化するベトナム戦争。努力すれば道は開けるとやっと入った大学で学費が値上げされ、産学協同が始まって、エコノミックアニマルへの道が用意される。全国の大学で学費値上げ反対闘争が起こり、大学解体が叫ばれ、党派に属さないノンセクト・ラジカルと呼ばれる学生が登場、高校にも波及した。チェ・ゲバラやマイクを握ってアジ演説をするリーダーが若者のヒーローで、「学生運動をするために」大学へ入る人もいた。そこには希望と熱気が渦巻いていた。

「国際的にも同じで、ドイツ赤軍の人もロックスターになるより革命家に憧れたと言っていた」と重信は手紙に書いてよこし、学生運動に熱中した女性編集者も遠い目をした。

「既成概念を壊すところに惹かれた。カッコいいもの。世の中の常識が相対化され、どんどん自由になった。それは消費社会が実現されても売ってなかった」

父を鑑に
闘争の嵐を駆け抜ける

親の反対に悩む運動仲間もいたが、重信の家族はみな理解者だった。母のよし子は娘をひたすら案じながらも、「房子が反日共と言うから社会党にいれようかね」と選挙に行った。丸の内の会社に勤めていた姉のすみ子は、帰りにお茶の水に寄っては妹に着替えを届け、その仲間たちにご飯を食べさせた。

ある冬の日、父の末夫が夜中に突然起き出して「房子か、待っていなさい。今、開けてやるから」と、玄関に飛び出したことがある。戸を開けると誰もいない。

「房子が『お父さん』と呼んだ声がしたんだ」

そのとき、重信は、内ゲバに巻き込まれて大学を逃げ出し、雨の中、震えながら物陰に潜んで「お父さん……」と呟いていた。

重信が、父が若き日に民族運動へ情熱を傾けていたと知ったのは、六七年十・八第一次羽田闘争のときだった。日本学生運動史上はじめてゲバ棒を持ち、ヘルメットを被った二千五百人のデモ隊が、佐藤栄作首相の南ベトナム訪問を阻止しようと、羽田空港へ突入を試み、学生一人が死亡。重信も救対（救援対策部員）として荷物を持って、ブントの隊列の後ろを走った。機動隊に挟み撃ちされ、高速道路から飛び下りる者、頭を割られる者、ようやく逃げ延びた者と散々だった。重信は血の海の中に打撲傷でころがっていたが、通りかかった公団の運転手の協力を得て、死んだようになっている仲間を何十人か病院に運んでから、早朝、自宅に戻った。

家に入るや意気軒昂に〝敵〟の所業を語る娘の話を聞いて、父は昔話を始めた。

「本気で革命をやるならあのように闘ってはいかん。まず民心を重んじなければならないのが第一。民族の心を知らぬ者が世界革命を唱えても、コスモポリタンにすぎない。井上（日召）和尚は一人一殺主義と言われているが、そうではなく一人多殺と言ったのだ。一人多殺は一人ではできない」

七〇年十一月、市ヶ谷の自衛隊本部で切腹死した三島由紀夫は、「ひと言天皇とさえ言えば」と全共闘の学生に強い共感を寄せていた。末夫も同じだった。父と娘の会話は、右と左で思想は違えど、天下国家を論じて熱いものになっていく。すみ子には、この頃から、はっきりと父が妹の鑑《かがみ》になっていくのがわかった。

内ゲバなど学生運動に矛盾は感じなかったかと問うたとき、重信は答えた。

「今から思うと左翼世界は日本社会の縮図です。考え方、ヒエラルキー、虚勢。競争社会を否定しつつ、自分がそれを母斑として持っている自覚は欠落していて、傲慢にも思想的誤りの上に稚拙な闘い方を重ねていった。でもね、そういうことをすべて含めて、自由に批判する活力と時代のパワーが日本を押し上げたのです」

小汚い格好の学生のなかで、白い肌にピンクの口紅、お洒落な重信は男子学生の乱闘騒ぎに「やめなさい」と割って入るなど当初から目立っていて、「〇〇大学のゲバルト・ローザ」と呼ばれる女性活動家たちとは趣が違った。二十歳の金井美恵子が「現代詩手帖賞」を受賞し、文学少女たちの羨望を集めていた頃で、重信も学館に女の情念あふれる自作の詩を貼り出して男子学生をドギマギさせた。

重信の文学仲間だった女性の述懐。

「優しくて穏やかな人でした。バリケードの中では異質。だから、マスコミを賑わすようになっても別人と思っていました」

この時代に女たちは、「性の解放は自由の獲得」をテーゼに貞操観念という鎖をぶっ切っていく。

運動家だった女性は「処女？　ばっかじゃない」「遊んでいる女に見られたかった」と回顧したが、重信も運動への傾斜と比例して奔放さを増していった。大学一年で出会った早稲田の学生と婚約したものの、彼は自民党の政治家の息子で、「好きだったけれど少し窮屈」で破局。「上原のかーちゃん」と呼ばれながら、他の男子学生との噂が絶えなかった。彼女は、学生時代の恋愛を恋とは認めない。

「首ったけになることはなく、革命に憧れ、私の志を体現したと思えた人を支えたという感じでした。自由、これが曲者《くせもの》で、自分に正直にと刹那的な愛や欲望に忠実に生きていたのは紛れもない事実ですが」

こうした重信を「魔女」と呼んだのは、数年前までブント荒派を率いた荒岱介《あらたいすけ》だ。「得体の知れないとこがあったな。男に伍して女権を主張するのではなく、別のやり方で男を組織していくタイプ。土井たか子型じゃなく、中山恭子型」

まだ新左翼のなかで女性解放のテーマが顕在化していない頃でも、女性活動家には男と同等に闘おうとジグザグデモの前に立つタイプと、「私は女よ、女で何が悪い」と開き直るタイプがいた。重信は後者で、「女を武器にしてる」と批判されても「ブントのため」と平気だった。

「男、女ではなく人間として、が父の教育でした。しかも、当時の私は、女性たちの卑弥呼的な根源力を自負していて、男は弱いという実感が強かったので、女性として扱われることで損なわれるものはないと思っていました」

昔の週刊誌には、重信のオルグ率は九八％とある。優しく笑いながら「ねえ、一緒にデモに行かない？　世界が変わるわよ」。重信の「微笑外交」、またの名を「ポン引きオルグ」で現思研はみるみる膨れ上がった。そこには遠山の他に、日航機よど号をハイジャックして北朝鮮に行った田中義三《よしみ》がいた。

重信への思いは、学年によって温度差がある。同学年の人には「優しい母親的仲間」だが、二学年以上下の人は、「赤いヘルメット被せられ、『行ってらっしゃーい』と校舎の窓から紙吹雪まかれて、デモに行かされた」となる。

二〇〇〇年、重信の逮捕を知ったとき、かつての仲間たちは複雑な顔を見せた。運動が激化していくと、政府は暴力団対策の「凶器準備集合罪」を機動隊とぶつかる学生に適用し、逮捕者が多数出た。刑務所に入り就職もままならなかった人には、「隠れキリシタンのように暮らしてるのに、今度巻き込まれたら居場所がなくなる」という被害者意識があり、さらに遠山たちへの哀惜の念も強かった。けれど一方で、「昔の仲間が子連れで訪ねてきたのに放ってはおけない」思いはある。重信の裁判を支援するため、明大の同窓生たちは「土曜会」を作った。呼びかけ人は、社学同隊長として六九年東大安田講堂に籠城し、逮捕された六百三十一名のうちの一人だ。

「あの運動を作り出した人間の一人として、彼女一人に責任を負わせてはならないという気持ちがある。だから弁護士費用をカンパするという形なら、と」

「名前は出してくれるな」と断って、大金を出す人もいたという。

赤軍派に加わる
ルビコンの川を渡った日

重信が目に見えて変わっていったのは赤軍派に入ってからだと、明大の仲間たちは異口同音に証言する。

上原は、六八年暮れのほんのひとときを重信と暮らした。年が明けると東大闘争が緊迫化、「私は先生になるから、あなたは革命をやりなさい」と言った彼女に、「俺は最後に捕まる。共産同ブントの旗が最後になびいているのが俺や。見といてくれ」と告げて安田講堂に突っ込み、一月十九日の陥落時、機動隊の催涙弾と放水にまみれ逮捕された。拘置所に面会に来た重信は、去り際に手を振りながらミニのワンピースをひるがえし、刑務官を動揺させたりしたが、ある時期から急に存在が遠くなった。十二月に保釈されたときは、「もうほのぼのとした面影はなかった」。

テレビの生中継に日本中が釘付けになった安田講堂攻防時、重信は教育実習生として中野区立十中で三権分立を教えていた。授業を終えると大学でビラをまき、銀座のバーで働き、再び大学に戻って、翌日の授業用のレジュメを作りながら泊まり込みで活動した。多くの活動家が授業など放棄したなかで三月に卒業、四月には政治学部に学士入学している。この頃までは「お前が離島の先生になって、俺が傍で釣りをするのが理想だな」という父の願いに応えるべく、教師になるつもりだったのだ。

だが、東大闘争で多くの逮捕者を出した運動は終焉へと向かう。ブントは四分五裂し、遠山の夫に誘われるまま赤軍派に加わった重信は、七月六日、激しい内ゲバ・リンチの真っ只中に居合わせ、人生を変えた。

「ルビコン川を渡った日です。党派の理論もよく知らないまま当事者になり、やるしかないとアクセルを踏みました」

「革命戦争」を掲げる赤軍派には大勢の若者が集結、首相官邸占拠計画など非合法活動への道を突っ走る。重信は「人間関係や大事なものを削ぎ落としながら、自分がどうなるかなどいとわず」アジトの確保やオルグ、資金集めに全国を走り回った。連合赤軍事件の発覚まで過激派への世間の目はまだ温かく、作家や医者を訪ね歩くと五十万、三十万と大金が寄せられた。闘いへの情熱と焦燥のなかで、街に流れる佐良《さがら》直美の「いいじゃないの幸せならば」に心を重ねるように、恋もした。

「革命政府樹立など言ってることはムチャクチャだとわかっていても、リーダーたちの理論に幻想を持っていました。革命の夢に追われた女ですね」

当初、赤軍派に女性は四十名ほどいたが、最後まで残ったのは重信と遠山だけだった。大半は非合法活動にかかわる重さに耐えられなかったのだが、同時に赤軍派は議長だった塩見孝也が認めるとおり「男性中心主義」の集団であった。

組織の軍隊化はおのずとジェンダーの差異を明確にする。そもそも学生運動でも女の役割はもっぱら救対、男の後方支援とされていた。新撰組や『あしたのジョー』、鶴田浩二と並んで殴り込みをかける高倉健と自分を同一視する男たちは、火炎瓶を投げるとき、「女は戦力にならない」と平気で口にした。赤軍派でも「女のくせに」「女は信用ならない」がまかり通り、「女は共有物」と言う男すらいた。

そんなときに、田中美津が日本のウーマン・リブの嚆矢《こうし》となるアジビラ「便所からの解放」を一晩で書き上げる。それに新左翼、赤軍派の女たちも激しく共振したが、重信は違った。

「私は思想的に未熟で、呆れた男たちを少し軽蔑しながら、仕方がないと一緒にやっていました。男を糾弾するより主体的に世界を変えようと熱中していた」

田中美津は、重信とも、連合赤軍事件の首謀者として死刑が確定している永田洋子《ひろこ》とも、一瞬交差している。

「重信さんは兵士たちが憧れをこめてその名を口にする通り、まったくのマドンナだと思いました。でも、彼女から同性へのシンパシーは感じられなかった。より女性的だったのは永田さんで、だから切ないです」

父の価値観を内面化した「父の娘」であり、早くから運動に入って長い黒髪で男たちを翻弄してきた重信は、「二級市民」扱いされる女たちとは離れたところにいた。だからこそ、女性蔑視の強い英雄主義の組織を飛び越えていけたと見ることもできるだろう。

塩見は、重信には胆力があったと語る。

「たとえば遠山には控えめなところがあったが、重信は男なんかなんとも思ってなくて、われわれの中に踏み込んできた」

その時代の女たちには、重信に憧れる者、苛立つ者、両者いた。

個人の力で世界を変え得ると信じて

七〇年初頭、上原は末夫を訪ねた。前年の暮れに釈放され、重信に言われるままに加わった赤軍派はロマンチストで純粋な者が集まったゆえの狂気集団、自分のような俗物には死ぬ覚悟はないと悩んでいた。「人間が運動のなかで人を殺したり死ぬとき、何を考えてるんでしょう」と聞くと、末夫は「何も考えないよ。上原君、君は死なない。自分もそうだった。でも、房子は違うよ」と静かに答えた。

別の組織で非合法活動をしていた元活動家の女性は、言う。

「みんな認めないけど、あの頃、死ぬとか殺すとか、そんな遠い話じゃなかった」

同年三月塩見逮捕、二週間後に赤軍派九人がよど号をハイジャックする。すでに多くの逮捕者を出し、主たるメンバーは指名手配されていた。重信は神出鬼没で、運動資金を稼ぐために週刊誌に獄中手記を書き、テレビにも出演した。彼女は赤軍派時代に公安条例違反等で三度逮捕されている。母は「なぜうちの娘が」と泣いたが、パトカーに乗せられたところに出くわした父は「行ってこい」と頷いただけだった。アラブに渡った後、新聞に載った顔写真は「永久保存でしょ。きれいに撮ってね」と息巻いた逮捕時のものである。

家の前にいつも見張りの刑事が立つようになった頃、すみ子は、布団の中でしゃくりあげる妹の姿を見ている。

「私たちの闘争は行き詰まった」

重信の上にいた男もやがて組織から去る。彼が「雪山を見に行かないか」と暗に革命をやめようと誘った瞬間、尊敬もし、ダメさも理解して好きだった男の顔が一瞬醜く見えた。たくさんの同志が捕まり、たくさんの同志がどうすべきか彼の指示を待っているのに。思わず強い言葉が出た。

「革命の惨めさなら背負えるけれど、あなたの惨めさを背負う気はない！」

解体寸前の赤軍派で指導者となったのは、後に永田洋子の革命左派と連合赤軍を結成する森恒夫だった。すでに重信は、国外へ出て活路を見いだそうと独自に動き出していた。

「闘いの火のなかで共闘するチェ・ゲバラを愛する者として、国境を越える革命に大きな夢を持ったのです。個人の力でも世界を変え得る時代だと信じました」

赤軍派の合法部門にいた現思研の後輩は、関西から戻った重信が久々の晴れ晴れした笑顔で、こう言うのを聞いた。

「いい人と会ったよ。アラビア語ができるの」

七〇年秋、重信は運命の同志・奥平剛士《おくだいらつよし》と出会う。

[運命の同志]

二〇〇七年二月の終わりから三月上旬にかけて、新宿のシアターアプルの客席には、普段劇場に足を運ぶことが少ない団塊世代の男性の姿が目立った。そこで上演されていたのは、鴻上尚史《こうかみしょうじ》脚本・演出の『僕たちの好きだった革命』。一九六九年に機動隊の催涙弾が直撃して意識を失った高校生・山崎義孝が、三十年後、意識を取り戻し元の高校へ復学する。宇宙人のような存在だった山崎だが、やがて彼の正義感は弛緩しきった高校生たちを覚醒させ、再び学園紛争が起きる。

五つの赤い風船の「遠い世界に」が流れるなか、全共闘の記録映画『怒りをうたえ』の一シーンが映し出される。ヘルメットを被った山崎がアジ演説を始めると、会場はどっと揺れた。カーテンコールで出演者が拳を突き上げて「ありがと！」と叫ぶと、観客も立ち上がって拳を突き上げ、シュプレヒコールのように「ありがと！」の波が広がった。

ラストシーンの設定は〇七年。教師になった八年前の男子高校生が、同級生だったヒロイン、小野未来に思いを馳せる。

「小野未来は大学を卒業して日本を出た。噂ではパレスチナに飛んだという」

この物語の主人公、重信房子もパレスチナへ飛ぼうとしていた。

奥平剛士との出会いそして結婚

赤軍派解体寸前の七〇年六月、映画評論家の松田政男が本郷三丁目にある事務所にいると、突然、重信が訪ねてきた。松田たちが出していた「世界革命運動情報」のバックナンバーを読みたいという。当時の新左翼はプロレタリア国際主義と組織された暴力の二本立てで、国際主義のシンボルがキューバ革命の英雄チェ・ゲバラ。重信はひと月ほど通い熱心にページを繰っていたが、あるときから姿を見せなくなった。松田が次に彼女に会ったのは九月末だった。売れっ子作家や映画関係者のたまり場だった新宿二丁目の「ユニコン」で、保釈されたばかりの活動家と飲んでいると、重信がフラリと入ってきたのだ。

ウイスキーの水割りが一杯三百円の時代。シンパのマスターは、無料で重信のボトルを「赤垣軍三」の名でキープしていた。彼女は、他党派の活動家に「あんたたちには世界性がないんや」となぜか関西弁で革命論を挑み、泥酔して歌を歌いまくった。酔いが醒《さ》めた重信に、松田が「活動が制限されて、どうする？」と訊ねると、「外国に行こうと思っている」と言う。十月になると、「パレスチナ」と口にした。松田は資金調達に力を貸す。

「世界中にアンテナを張っているつもりだったけれど、パレスチナ問題は一度も取り上げたことがなかった。調べると、第二次世界大戦後の世界史の重要な問題とわかり、あわてて勉強した。もし、その後の重信や日本赤軍の行動がなければ、パレスチナ問題が世界史の焦点となるのはもう少し後だったかもしれない」

赤軍派は、世界へ出て根拠地を作り、そこから日本に革命を起こそうという「国際根拠地論」を主張していた。その一環としてよど号ハイジャック事件があり、重信も行き先を模索していた。キューバかアルジェリアか。赤軍派を支える人脈、財源が関西に集中していたために、この頃の重信は京都に行くことが多かった。そして、友人に連れられてカンパを募りに行った先に、テルアビブ空港襲撃戦で自爆死することになる奥平剛士の家があった。

「カンパ？　ない」

あっさり断った奥平は、重信と同い年の京大工学部の学生で、京都パルチザンと呼ばれる無党派の急進的グループの一員。「今は土方をしている」と言った。長く京都でセツルメント（貧民救済）活動をやってきた彼は、貧しい人への献身だけでは世の中は変革できないと考えていた。ゲバラに共感を寄せ、はじめて会った重信にパレスチナ問題を語った。

四七年、国連が戦後処理の一環としてパレスチナ分割決議案を採択し、四八年のイスラエル建国以降アラブ・パレスチナ人対イスラエル・ユダヤ人の武力衝突が激化した。重信がアラブに世界史の矛盾が集約されていると知るのは、このときだ。イスラエル軍に侵略され、難民となったパレスチナ人は銃を持った。彼らと国境を越えた闘いができれば――。

彼女の行動は早かった。「日本アラブ協会」などで、パレスチナ側が医者やエンジニアの派遣を要請していると聞きつけるや、赤軍派としてそこに加わろうと動き出す。「パレスチナに行かないか」と奥平を誘うと、彼は「行こう。いつ行く？」と即答した。それからは、彼がイニシアティブをとった。虚勢を張らず、ただ黙々と確実にことを進めていく奥平は、大言壮語の同志たちとは違っていた。

赤軍派の合法部門にいた後輩は、アラブに渡った重信から「ふさわしい任務があります」と何度か誘われ、一度は行こうとしたが、同行する仲間の恋人が手首を切り機会を逸した。彼が記憶をたどる。

「通説とは違い、重信さんが奥平さんに逆オルグされたんだよ。彼女はそこに活路を見いだしてから、掌を返すように赤軍派はどうにでもなれとなっていった」

重信は、最初、自分がパレスチナに行くつもりはなかったが、赤軍派の医者が行けなくなり、七一年一月になって急遽《きゅうきょ》、出発を決める。だが、旅券を申請すれば公安にバレて、出国できなくなる可能性が高い。シンパから「名前を変えればいい」と、ある人との結婚を勧められる。

「たとえ仮であっても、その人とは結婚したくなかった。だったら奥平さんがいいと、奥平さんにお願いしました」

姉のすみ子は、重信が「結婚するんだもん」と嬉しそうに報告するのを聞いた。「偽装でしょ」と言うと、「偽装じゃないもーん」と返ってきた。

赤軍派の指導者となった森恒夫は重信を「国内で資金を集めろ」と止めたが、赤軍派をやめてでも行くと伝えると、「なら、赤軍派として行ってくれ」と指令が下った。森にとって重信は制御不能な存在だった。歴史に「もし」はないが、重信が日本にいたなら連合赤軍事件は起こらなかったと言う人、真っ先に粛清されたと言う人、二つの見方がある。森は、アラブの重信にお金を送ったことで遠山美枝子に自己批判を求めている。重信は、逮捕後独房で、親友の遠山が総括の名の下で殺されていく過程をつぶさに読んだときの苦しい胸の内を明かす。

「リーダーたるべき人が次々いなくなり、できもしないのに責任感で頑張ったのが私であり、また連赤を率いた森さんでしょう。森さんの遠山さんへの恨みは私の分もあると言う人がいます。私の、女でいいじゃないかという甘えと、ダメな男への軽蔑の流れが、遠山さんへの批判と死をもたらした気がしました……」

森恒夫、七三年元日、獄中で自死。

ベイルートに降りたら
ジェラシのゲリラ基地へ

「外国に行く」と告げたとき、家族は驚かなかった。母のよし子は、無理をしていっそいそと服を揃えてくれた。父の末夫は赤軍派の理論には反対しながらも、「革命とは死ぬことと見つけたり。帰って来られるなどとは思わず頑張ってこい」と娘を励まし、家族の別れの会にカメラを忘れてきたことにひどく落胆した。

奥平が出発した二日後の七一年二月二十八日、羽田。すみ子や松田とともに見送りに来た遠山は、「ふーが、先に死ぬのね」と涙を浮かべ和英辞典を手渡してくれたが、重信に悲壮感はなかった。現地で実情を把握したら、日本とアラブを行き来するつもりだった。ミディのツイードのコートにブーツ、大きなショルダーバッグを肩にかけた二十五歳の重信は、税関の向こうに消えた。

妹を見送った後、すみ子の勤め先に、いつも重信についていた公安の刑事が、目を真っ赤にして訪ねてきた。

「事前に知らなかったのか。あんなところまで行ってしまってどうするんだ」

すみ子には、妹の旅立ちはたまたまそこに戦場があったからとしか思えない。

「なぜパレスチナか、ほんとうのところは妹にもわからなかったのでは。自分たちの革命と思ったものが消えるのが嫌だったのでしょう」

三月一日の真夜中、重信はアラブの小国、レバノンのベイルート空港に降りたった。それから三十年アラブで生きるとは知るよしもなく、「ミセス・フサコ・オクダイラ」と入国カードに記し、思いがけない寒さに震えて車に乗ると、真っ暗な闇の中を奥平が待つホテルへ向かった。

「現金はカンパで集めた千ドルだけ。たくさんの文具と夏物の服を持っていったら、日本より物は豊富だし、冬でした。ほんとうに何も知らないで飛び立ったのです」

重信と奥平が連帯を求めたのは、ＰＬＯ（パレスチナ解放機構）の一組織で、「プロパガンダとは真実を伝えること、その最高形態は武装闘争である」をテーゼに六八年からハイジャック闘争を行っていたＰＦＬＰ（パレスチナ解放人民戦線）だった。七〇年には、ヨルダン軍とパレスチナ兵士が衝突し、ヨルダン内戦が勃発。七一年当時、レバノンには四十万人のパレスチナ人が難民キャンプで暮らしていた。

三月十五日、毎日新聞に「赤軍女リーダー潜入　アラブゲリラと接触か」の見出しが躍り、クウェートにその記事が流れた。これをきっかけに、重信と奥平の短い〝新婚生活〟は終止符が打たれる。日本の仲間から、奥平のもとに「すぐ離婚手続きをしろ」と伝言が届くが、彼は「勝手なやつらだ」と笑ったきりだった。だが、PFLPは「これでは秘密が守れない」と、重信は合法組織である情報宣伝局アルハダフに配属され、奥平は希望して軍事訓練所に赴くことになる。

めまぐるしく変わる中東政治の表舞台ベイルートは、「地中海の真珠」と呼ばれる美しい街だった。自然が豊かで、海に沈む夕陽は赤く、多くの遺跡が点在し、町から車で一時間走ればベカー高原が広がる。当時は日本企業や新聞社のアラブ駐在の中心地で、千人ほどの日本人がいた。重信は語学学校に通いながら、アラブの知識人が集まるアルハダフでボランティアをし、日本人のコミュニティに入り、野球大会や中東情勢の学習会に参加しては、「赤軍ちゃん」と呼ばれて人気を集めていた。訓練所から休暇で戻った奥平は、「人と出会ったとき、勝つとか上とか考えないで、スーッと仲よくなれるのはいいなぁ」と重信を羨んだ。

映画監督の若松孝二が、後に日本赤軍のスポークスマンとなる足立正生《まさお》に「パレスチナに行こう」と誘われ、カンヌ映画祭の帰りにベイルートに足を向けたのはその年の五月だった。ベトナムに関心が集中している時代、「誰も撮っていないパレスチナゲリラを撮れば、テレビ局に売れる」と考えたのだ。「ユニコン」で知り合ったチャチャラねーちゃん、つまり重信を通訳としてヨルダンやシリアに連れて行くと大使館で告げると、「赤軍ちゃんを必ず無事に連れて帰るように。ギャラを払え」と誓約書を書かされた。ハイジャックの女王と呼ばれたライラ・ハリドのインタビューを撮り、ベカー高原やゴラン高原に兵士たちの姿を追った。重信は、彼らからマリアンの名をもらい喜んでいた。

若松の述懐。

「闘っている人には惚れますよ。向こうのコマンド（兵士）は優しい。こんな優しい人たちが人を殺せるのかと思った」

若松に衝撃を与えたのは最前線の戦場、レバノンとヨルダンの国境に接するジェラシマウンテンのゲリラ基地で三週間を過ごした経験だ。タクシーの運転手が途中で逃げ帰るほどの激戦地で、三人は軍服に着替えさせられ、若松と足立は銃を持ち、塹壕掘りや水汲みの軍事訓練を受けた。そしてある日、突然、「今日中にインタビューして、撮りたいものを撮って山を下りろ」と指揮官から告げられる。ダマスカス経由でベイルートに戻った翌朝、新聞に、一昨日までともに生活していた陽気なパレスチナ・コマンドのほとんどが絞首刑にされた姿が載った。

若松は、足立と重信と一緒に、泣いた。

「総攻撃があるとわかって、僕らを逃がしてくれたんですね。金儲けで撮影していたのは間違いだ、日本にパレスチナ問題を持ち帰らなきゃと覚悟した」

その秋、『赤軍――PFLP・世界戦争宣言』のフィルムを積んだ真っ赤なバスの上映隊が日本全国を回り、学生運動の終息に行き場を失った若者の血を駆り立てた。その中には、テルアビブ空港襲撃で一人生き残り、イスラエルに逮捕される岡本公三もいた。

職場で見た生きるための革命

〈パレスチナ連帯の記憶をたどりゆけばジェラシの戦場ジェラシの戦友〉(『ジャスミンを銃口に　重信房子歌集』より)

ジェラシを経て、重信の意識は大きく変わる。難民キャンプでは武器や武装闘争が

〝富山の薬箱〟のように日常にあった。生死が隣り合わせの戦場を見た。日本での革命は机上の空論だったと目が覚めた。

「アラブでは生存のために革命があった。武力で故郷を追われた人たちのやむにやまれぬ抵抗。なんだ、自分の考えから始めていいんだという発見でした」

重信は、この戦場で、やがてメイの父親になる男と出会う。彼女は、公判で弁護側の証人が明した彼の名前を、それだけは書いてくれるなと何度も念を押した。革命を恋愛に矮小化されるのを嫌ったのだろう、若松の「誰もが尊敬せずにはいられないゲバラのような革命家」という表現にとどめよう。彼はジェラシから奇跡的に生還し、重信が九七年にベイルートを去るときまで常に同志としてあったが、その後イスラエル軍に殺害された。

「戦場でもあり、戦死したと思っていたところに再会したこともあって、大きな愛を自覚して一歩踏み込んでいきました。さまざまな場面で人を助けて闘う彼の姿が好きでした」

奥平にそのことを告げ、彼を紹介すると、「いい人だね」と言ってくれた。

「奥平は重信に心底惚れ抜いていた」と言う人がいる。重信は、〈革命の出会いは

オーストリア滞在記

中谷美紀

女優・中谷美紀の田舎暮らしは、忙しい。

ドイツ人男性と結婚し、想像もしなかった田舎暮らしが始まった。朝は、掃除と洗濯。慣れないドイツ語の学習には四苦八苦。晴れた日は、スコップを握り庭造り。中谷美紀のかけがえのない日常。

書き下ろし

750円

ひとりが好きなあなたへ2

銀色夏生

先のことはわからない。昨日までのことはあの通り。あまりいろいろ考えず、無理せず生きていきましょう。

（あとがきより）写真詩集

590円

グリーンピースの秘密

小川 糸

暖かくなったら青空市へ。寒い日には家で縫い物を。

ベルリンで暮らし始めて一年。冬には家で味噌を仕込んで、春には青空市へお買い物。短い夏には遠出してリトアニアへ。秋には家でケーキを焼いたり、縫い物をしたり。四季折々の日々を綴った日記エッセイ。

オリジナル

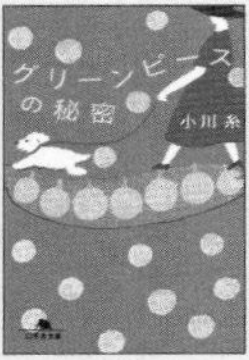

550円

男の不作法　590円

女の不作法　630円

内館牧子

知らないうちに、無礼を垂れ流していませんか？　よかれと思った気遣いも、相手を不快にしていれば、人生の致命傷になる。誰もが一度は経験したであろう

たからここにいる

自分を生きる女たち

島﨑今日子

安藤サクラ、重信房子、村田沙耶香、上野千鶴子、山岸凉子——。女の生き方が限られている国で、それぞれの場所で革命を起こしてきた十二人の女たち。傑作人物評伝。

オリジナル

670円

人生で大事なことは、みんなガチャから学んだ

カレー沢薫

引きこもり漫画家の唯一の楽しみはソシャゲのガチャ。推しキャラを出すべく必死に廃課金ライフを送っていたら、なぜか人生の真実が見えてきた。くだらないけど意外と深い抱腹絶倒コラム。

750円

ののペディア 心の記憶

山口乃々華

書くことで、わたしは強くなれた。

2020年12月に解散したダンス&ボーカルグループE-girls。パフォーマーのひとりとして走り続けた日々から生まれた想い、発見、そして希望。心の声をリアルな言葉で綴った、初エッセイ。

オリジナル

710円

猫には うれしかったことしか覚えていない

石黒由紀子・文
ミロコマチコ・絵

「猫は、好きをおさえない」「猫は、引きずらない」「猫は、命いっぱい生きている」……迷ったり、軸がぶれたとき、自分の中にある答えを探るヒントを、猫たちが教えてくれる。

590円

猫には嫌なところがまったくない

山田かおり

黒猫CPと、クリームパンみたいな手を持つのりやすは、仲良くないのにいつも一緒。ピクニックのように幸福な日々は、ある日突然失われて——。これは猫と暮らす全ての人に贈る、ふわふわの記録。

590円

やっぱりかわいくないフィンランド

芹澤　桂

たまたまフィンランド人と結婚して子供を産んで、ヘルシンキに暮らすこと早数年。それでも毎日はまだまだ驚きの連続で……。「かわいい北欧」のイメージを覆す、爆笑赤裸々エッセイ。好評第二弾！

オリジナル

670円

麦本三歩の好きなもの 第一集

住野よる

630円

好きなものがたくさんあるから、毎日はきっと楽しい。

麦本三歩には好きなものがたくさんある。仕事で怒られてもチーズ蒸しパンで元気になって、お気に入りの音楽で休日を満喫。何も起こらないけれど、なんだか幸せな日々を描いた、心温まる連作短篇集。

時代小説文庫

秘め事おたつ三 青葉雨

藤原緋沙子

金貸しおたつ婆の一日は、早朝の散歩から始まる。ある朝、足の不自由な父親とその娘を助けたことから挨拶をする仲に。だが、ここ数日姿が見えず、心配になったおたつは、二人を訪ねるが……。

書き下ろし

540円

花人始末 出会いはすみれ

和田はつ子

植木屋を営む花恵は、味噌問屋の若旦那を殺した下手人として疑われる。そんな花恵を助けたのは当代随一の活け花の師匠・静原夢幻だった。花をこよなく愛する二人が、強欲な悪党に挑む時代小説。

書き下ろし

650円

キャラノベ

コンサバター 幻の《ひまわり》は誰のもの

一色さゆり

美術修復士のスギモトの工房に持ち込まれたゴッホの十一枚目の《ひまわり》。スギモトはロンドン警視庁美術特捜班と共に捜査に乗り出すが——。

書き下ろし

750円

奈落の底で、君と見た虹

柴山ナギ

蓮が働く最底辺のネットカフェにやってきた、場違いな美少女・美憂。彼女の父親は余命三カ月。父親の過去を辿ると、美憂の出生や母の秘密が徐々に明らかになり——。号泣必至の青春小説。

書き下ろし

670円

幻冬舎 〒151-0051 東京都渋谷区千駄ヶ谷4-9-7 Tel.03-5411-6222 Fax.03-5411-6233
幻冬舎ホームページアドレス https://www.gentosha.co.jp/

夢／別れは死／愛で十分恋は似合わぬ〉という歌をよこし、奥平の遺稿集『天よ、我に仕事を与えよ』を読んでほしいと、この説を強く否定した。彼女の心には父と、バーシムとアラブ名で呼ぶ奥平、そしてメイの父親が、侵してはならない絶対的な理想として今もいる。

「バーシムは恋愛に心動かされる自分を恥じて律する意志の人でした。今から考えると毎日想定外の日々の中で、彼の志を愛し、それを発展させようと必死だったと思います。永別したせいか、メイの父親とは違う位相で愛する人です」

重信が新しい愛に巡り合った頃、既に奥平は京都パルチザンの仲間を呼び寄せる準備を始めていた。九月、安田安之、山田修、檜森《ひもり》孝雄の三人がベイルートに到着、軍事訓練に入る。ＰＦＬＰの指揮の下、テルアビブ空港を襲撃するリッダ作戦が動き出し、一般人を巻き込む可能性がある戦術を巡って討議が繰り返されていた。だが、重信がこうした詳細を知るのは逮捕後の〇二年二月、檜森から「語っておかなければならないことがある」と差し入れられた手記を読んだときだ。檜森はその翌月三十日、パレスチナ闘争の記念日に日比谷公園で焼身自殺を遂げる。

重信は、奥平のもとに仲間が集結しているのを知ってはいた。みんな貧しくて、重信がお金を作って持っていくと、自分たちはジャガイモしか食べていないのに「お腹いっぱいだ」と受け取らず、なけなしのお金を病気のコマンドの治療費に差し出していた。だが、彼らが重信に軍事機密を漏らすことはなかった。

仲間の死と連赤
テルアビブの決死作戦へ

七二年一月、山田が寒中水泳の訓練中、心臓麻痺で急死。奥平は、泣いて拒む檜森を強引に遺体と帰国させる。山田の死で日本人グループの存在が明るみに出ると、PFLPは急遽、作戦決行を決定した。

重信がベイルートの街角で遠山の幻を見たのは、そんな最中だった。「ふー、私も来ちゃった」と笑って彼女は一瞬のうちに消えた。それから一ヵ月半後の二月、大使館で「日本で銃撃戦をやっているよ」と、連合赤軍五名があさま山荘に籠城していると教えられる。前年秋に赤軍派とは決別していたものの、仲間の闘いを知って重信たちは狂喜した。が、なぜ場所が東京や大阪ではなく軽井沢なのか。その疑問は十日後に解けた。ワイドショー『3時のあなた』で司会をする山口淑子からアルハダフにいた重信に電話が入り、同志の一人が殺されたと知らされる。瞬間、床がぐらぐら揺れた。二日後、遠山ら十二人が殺されていたことが判明する。

連合赤軍事件の陰惨さに日本中が顔を背けた。これにより過激派を支持していた層は一転して沈黙、全共闘世代に深いトラウマを残し、以降今に至るまで左翼は沈下する。あのとき、アラブにいた重信たちの怒りと悲しみは大きかった。奥平は号泣し、手元にあった「映画批評」を手にとって、竹中労が書く「毛沢東青春残侠伝」の中国革命長征時の一節を一晩中、涙を流しながら読み続けた。

「隊伍を整えなさい。隊伍とは仲間のことであります。仲間でない隊伍がうまくゆくはずがないじゃありませんか――」

間もなく、重信は奥平から「退路を断つ闘いに行く」と告げられる。重信は衝撃を受け、猛反対してPFLPに意見書を上げるが、決死作戦を願い出たのは奥平だった。三月、重信は「さらば、連合赤軍の同志諸君」と題した声明を日本に向けて発表、「赤軍兵士の一人として、夢と勇気を込めて決別を宣言する。決別とは、真の革命戦争を準備すること。決別とは、不退転の決意で自らを検証すること」と書いた。

「私たちの歴史文書では、リッダは連赤を乗り越えるものとして闘ったと位置付けています。私自身そのように納得し、宣伝した側面もあります。でも、ほんとうは、バーシムたちは山田さんの死で覚悟を固めたんですね。彼らは、パレスチナ兵士と共に生活し、毎日泣かずにはいられない話を聞き、無名の戦士として果てたいと願ったのです」

奥平は「俺、革命家になれなかったら、ベドウィン（アラブ遊放民族）のようになりたかった」と言い残して、姿を消した。

五月三十日、重信のアパートにPFLPの女性コマンド三人がやってきて、荷物を整理するように告げる。深夜十二時、ラジオからBBCニュースが流れてきた。

「テルアビブ空港で三人の日本人が軍隊に攻撃をかけた……」

作戦の成功に喜ぶ女性コマンドたちに抱きしめられながら、これが計画だったのかと、どこかで彼らがスーパーマンのように戻ってくる気がしていた。

この事件で約百人の死傷者が出た。

「あのときの私たちは、身も心もパレスチナ側にありました。一人一人の命を考えたら闘えないし、闘いたくないと考えていたのは、闘った当の本人たちだったでしょう。攻防を経て、今は〝無辜《むこ》の命〟を巻き添えにした正義は報われないと教えられました」

数日後、緊急避難先に届いた郵便物の中に、ローマの消印がついた大きな封筒があった。奥平からだとすぐにわかった。

〈ローマの大聖堂の窓辺で、今この手紙を書いています。窓から美しい日射しが届いています。〝神ははらからの為に命を棄てたまいけり、汝も又はらからの為に命を棄つべきなり……〟という声が届きます。（中略）これから旅立ち、そちらに戻ります。ありがとう。生きたい道を生きられたことをあなたに感謝する。我々は決して失敗しない。我々の戦死は決して悲しまないでほしい。葬式ではなく祭を！祭こそ、我々の斗《たたか》いと死にふさわしい。先に行って待っている。地獄で又、革命をやろう〉

両親への遺書が同封されていた。重信ははじめて大きな喪失感に襲われ、泣き崩れた。テルアビブ事件は、パレスチナがイスラエル占領下で行ったはじめての大きな闘争であった。重信は否応なく世界史の渦の中に飛び込んでいくことになる。

［戦火に生きて］

〇七年、野田秀樹の脚本・演出作品『THE BEE』が上演され、衝撃を与えた。テーマは怒り。「一所懸命働き、家族を大切にし、普通とはかくあるべしという人生を歩いてきた」サラリーマンの家に、脱獄した殺人犯が妻と息子を人質にたてこもる。警察の動きは鈍く、メディアは彼に加害者を演じることを求める。サラリーマンは脱獄囚の家に乗り込み、犯人の妻と息子を人質にして籠城する。そこから暴力の連鎖が始まる。

東京拘置所の重信房子に「9・11後の世界を暗喩《あんゆ》している。暴力は暴力を呼ぶ」とパンフレットを送った。返事が届いた。

「今、国家権力により暴力を独占されているのが冷戦後の中東問題です。この芝居では、サラリーマンがパレスチナ人です。領土を奪われ、肉親を虐殺された。闘わなかったら、かつてパレスチナがあったという過去になっていたでしょう。対抗暴力は正当化されるか。それは地域の歴史的条件のなかで問われます。だからこそ、日本にパレスチナの闘いを持ち込んでしまった私たちは間違っていた」

重信は、二〇〇一年、公判の意見陳述で過去の闘いの誤りを認めて、作戦に巻き込んでしまった人々へ謝罪している。

同志二人の死後〝闘いの命〟を出産

一九七二年五月三十日、テルアビブ空港を襲撃した三人は無名の兵士として果てる計画だった。奥平剛士は全身蜂の巣のように撃たれ、安田安之は手榴弾で自爆して死んだ。だが、岡本公三は手榴弾が不発で、イスラエル軍に逮捕されて「レッド・スター・アーミー」を名乗る。このリッダ闘争を指導したPFLPは「義勇軍が参加した突撃戦」と声明文を出し、重信にも「岡本の援護射撃をすべきだ」と指示が出た。この指示に従い、「赤軍からの宣言」を書いたことで、重信の運命は決まった。

「われわれ赤軍は、PFLPの同志とともに、共通の敵に対して成功裏に行われた攻撃的闘争のニュースを享受できて幸福である」

実際のところ、そのとき、重信のそばには医療ボランティアを含む数名しかいなかった。だが、PFLPの作戦に参加するたびに声明文を出し、日本赤軍の名は世界に轟き渡ることになる。実体より大きく見せる情宣活動は赤軍派時代からのやり方であったし、また奥平たちの闘いを無駄にできない、国内へ連帯を呼びかけなければという気負いもあった。その結果、アラブ諸国二十二国がすべて支持し、一晩のうちに岡本たちを英雄にしたリッダ闘争も、連合赤軍事件の記憶が生々しい日本では「血も凍る残虐な事件」としか受け止められなかった。重信を「自己宣伝が過ぎ、自分の首を締めてしまった」と見る人は多い。

「日本で反体制だった私たちは、アラブでは体制のなかに入り込んでしまった。軍服姿も向こうでは当たり前だけれど、日本では違って見えたでしょう。日本の現実感がもう少しわかっていたら、声明文の書き方も違っていたと思います」

この事件は奥平、安田を含め死者二十六名、重軽傷者七十六名を出した。イスラエル軍の反撃で犠牲者が増えたという説もあるが、真相は定かでない。イスラエルはわずか一時間半で空港閉鎖を解除、国連の調査団を拒否した。アメリカの哲学者、ジュディス・バトラーは、その著書『生のあやうさ――哀悼と暴力の政治学』で「『テロリスト』という語が、イスラエル国家によってあらゆるパレスチナ側の抵抗行為を表すのに使われる一方で、自らの国家による暴力行為にはまったく適用されない」と、書いている。重信は西欧諸国からテロリストと呼ばれ、イスラエル秘密警察の暗殺対象になっていく。

日本の重信の家にはマスコミが押し寄せていた。父の末夫は〈雨降りの夕暮れ時の悲しさよ旅路に暮らす我が子を思う〉と日記に記しながら、アラブの娘には三兵士に寄せた漢詩と、〈信念に基づいて、お前の納得いくやり方で生き抜いてほしい。父や其の家族は絶対に真面目なお前の生き方を信じている〉と書いた手紙を送った。

姉のすみ子が父の心を推察する。

「漢詩に、大切な道義を全うするには時に肉親への情愛も押し殺さなければならないという中国の古い言葉がありました。父はこの言葉を三人に捧げただけでなく、あのような闘いに行かねばならないときがきたら家族のことは憂えるなと妹へ言いたかったのでしょう。奥平さんらのご両親に対し、自分の娘が生きていることへの申し訳なさもあったと思います」

イスラエルの報復が凄まじさを増すなかで、PFLPのボディガードが二十四時間つく地下生活を送るようになった頃、重信は妊娠に気づいた。岡本の軍事裁判が始まろうとしている時期だった。

「闘いの命が生まれたみたいで、ぜひ産んで岡本さんを支える力にしたかった」

娘の妊娠を知った父の手紙には、〈お前の理性と善意識を信じる私としては、何もお前に云うこともない。生まれた子を大切に育てよ〉とあった。

七三年三月一日、二年前にベイルートへ着いた時刻に女児を出産。命、メイと名付けた。日本から母が縫った甚平が届いた。日本赤軍には、その後、二人の子どもが生まれ、『スポック博士の育児書』片手に共同育児が行われることになる。旅券も健康保険も持てないなかで子どもを育てることは、戸籍の取得や秘密保持を考えても困難と同義だったが、重信の持論は「子ども一人育てられなくて何の革命か」であった。

自分から人を切らない
辣腕外交官

産後の体調はなかなか回復しなかった。

七月、ＰＦＬＰはテルアビブ事件でイスラエルに慰謝料を払った日本政府へ抗議して、日航ジャンボ機をハイジャック。ジャンボ機はリビア・ベンガジ空港に到着、人質を解放したあと爆破された。奥平のパルチザン仲間、丸岡修を含むコマンド四人はリビア当局に逮捕され、カダフィ大佐が「イスラム法で裁く」と表明。当時、リビアとＰＦＬＰの関係は悪かった。丸岡たちが右腕を切り落とされる恐れがあると聞いた重信は体調の悪さを押してリビアへ行き、カダフィに「革命戦士の腕を落とすなら、私の右腕を切ってくれ」と啖呵を切って、「日本人だけは釈放する」と回答をもらう。だが、「全員釈放でなければダメだ」と拒否した丸岡たちは、一年以上リビアに拘束されることになる。

このとき、「日本赤軍は尊敬している。会えて嬉しい。ところで独身ですか」と、カダフィから第四夫人になってくれとプロポーズされた話は仲間内では有名だ。「自分から人を切らない辣腕外交官」はその後カダフィと信頼関係を深めながら、コマンドの釈放だけでなく、ＰＦＬＰとリビアの関係改善にまで乗り出す。

重信の主任弁護士・大谷恭子は、〇一年、無国籍のままだったメイたちを迎えにべイルートに飛んだ。出国許可が下りず獄中の重信に連絡すると、ファクスからレバノン大統領宛ての手紙が流れてきた。

「大統領に直訴しろというのかと絶句した。日本では考えられないが、あの人たちは平気でそういう関係を築いてきた」

重信は解説する。

「アラブでは政権と解放運動の関係はとても近い。ことに反イスラエル、反シオニズムの政府は私たちに友好的で、便宜を図ってくれるのが当然というのがあの地の政治状況でした。元首といってもそのへんにいた人で、友人ですから」

松田政男は、七三年秋、重信への資金援助のために本を作ろうと若松孝二、脚本家の佐々木守と共に、講談社から前借りした三百万円を腹巻きのなかに隠しレバノンに入った。子どもたちが、「リッダ、リッダ」と集まってきたのには驚いた。自分さえ正当に受け取れなかった闘争が、ここでは感謝と尊敬の対象になっている。もうひとつの驚きは、重信の激変だった。

「普通の女性だったのに器が大きくなっていた。もう引き下がれない状態のなか、そうならざるを得なかったんだろう」

独立組織をつくり最高指導者に

七四年九月、パリで逮捕された山田義昭奪還のためにオランダ・ハーグの仏大使館占領。ＰＦＬＰの指揮だが、後に重信はハーグ事件で実行犯に指示した容疑で国際指名手配される。この頃には彼女は、学生運動の終息後にヨーロッパやアラブを放浪していた日本人活動家たちを束ね、ＰＦＬＰからの自立を模索していた。

山田は、重信が新左翼雑誌に寄せた檄文「闘うあなたへ、アラブよりの招請状」に誘われてベイルートに渡った一人だ。彼は、小さな重信が大きなＰＦＬＰの幹部に「兵士は駒じゃない！」と抗議する姿を見ている。彼女は、これ以上仲間が消費されることに耐えられなかった。七四年末、デラシネ状態の集まりから独立した組織へ。『赤軍――ＰＦＬＰ・世界戦争宣言』を撮った足立正生も合流していた。

足立は、若いメンバーに「おばはん」と慕われていた重信が最高指導者の地位に就いた理由をこう述べる。

「他はゲリラごっこをしているようなもので、鎧兜脱いだら単なるガキ。飯どうする、金どうする。面倒くさいからやっておいてとなる。人格者で社会経験のある重信が、普通の生活者でないと革命はやれないと自然と中心になっていった」

組織ができてからも、重信は「私はアマチュアの指導者」が口癖で、当初指針としたのは「金銭や能力の多寡ではなく、人間を見ること」という父の教えだった。

「私のリーダーシップは明大時代の延長で、衣食住の確保でした。七〇年代は国内の党組織と連帯を求めていたので、リーダーなんてとんでもないという気分でしたよ」

しかし、状況は、重信をアマチュアのままでは置いてくれなかった。

七五年三月、同志二人がストックホルムで逮捕され、自供。八月、クアラルンプールの米・スウェーデン大使館を襲撃して人質をとり、日本の刑務所にいる同志ら五人を奪還。七六年九月、ヨルダン政府に捕まった同志二人のうち日高敏彦が拷問死。七七年九月、日高の命日に日航機をハイジャックし、リッダで日本政府がイスラエルに支払った賠償金と同額の六百万ドル（十六億二千万円）と、服役中の同志らの釈放を要求。福田赳夫《たけお》首相は「人命は地球より重い」と決断し、身代金を払って刑事犯を含む六人を釈放した（ダッカ事件）。

日本政府は二度までも、国内で服役、勾留中の計十一人を「超法規的措置」で出国させ、諸外国から非難を浴びた。日本赤軍への国際世論は厳しく、姉のすみ子でさえ、「刑事犯まで奪還して、なんでこれが虐げられた人を救う革命か」と怒りが湧いた。

「カラシニコフを持った妹の写真なんか見ると、どこのバカ女か、と思いました」

だが、堅牢な革命家集団と喧伝されていた日本赤軍の内部は、当時、ガタガタだった。足立曰く、「もうダメかと思う状態は何度もあったが、重信がきっと打開策はあるはずだと希望を捨てなかった」。シンパから同志になった山本万里子も、「ことに奪還した人が合流したときは十円ハゲができるほど悩んでいた」と振り返る。みんな党派も思想もバラバラで、国内から「重信をオルグしろ」と指示が出ていた人、心意気だけで闘ってきた古参メンバーに論争を吹っかける人、分派を作る動きもあった。「重信に軍事は触らせるな」と奥平から言い遺され、リッダ後から重信と苦労を共にしてきた丸岡は、心労で髪の毛が抜け落ちた。

にっちもさっちもいかなくなり、重信ははじめてマルクス・レーニンを繙《ひもと》いた。マルクスを読んで社会主義と共産主義の違いを認識することはできたが、愛について書かれた箇所を読むと「この人、全然信用ならない」と感じた。彼がメイドに子どもを産ませていたことを知っていたからだ。

「右でも左でもどんな人でも、教義や思想じゃなく、恋人や家族にどう接しているか。生活のところで本音がわかります」

重信が、仲間を結束させるための手がかりにしたのは別のものだった。ある日、彼女は、「目からウロコだわ。まずは自分から頭を下げる。これでやっていこうよ」と、山本周五郎の短編『武家草鞋』を差し出した。世の中の汚さに憤慨して脱藩した武士に、草鞋作りの老人が「そなたもその一員だ」と諭す物語だ。

「小学校の反省会レベルから、本音で語り始めたんです。カッコ悪かったけど弱さを直視し、自分を変えることがほんとうの勇気。自分を変えることなしに世界は変え得ない。内ゲバの正しさ争いを否定し、間違いを恐れないでおこう、と。いつ弾が飛んでくるかわからない世界だから、本音でないと生きていけないところもありました」

お金の苦労を一人で負い、自ら頭を下げる重信が求心力となり組織はまとまっていく。無論、重信はマリア様ではなく、ついていけないと離脱者も出た。

逮捕後、元の同志や左翼関係者から人を戦場に赴かせて利用主義だ、独裁主義だと批判が上がった。彼女は反論しない。

「突撃するよりもっと大変なことがあります。よかれと思ってやったことですが、そういう意見もひとつの見方として受け止めます。本来、日本赤軍に向けられる罪は私が負うべきなのに、重罪を負わせてしまっている人たちがいる。今もまだどこかで闘って生きている仲間もいます。歴史になりきれないことが多くて、権力の前では語りきれません……」

錯綜するアラブ情勢のなか自主独立を貫く

左翼関係の本を集めた「ウニタ書店」の遠藤忠夫に話を聞いたことがある。遠藤は、八三年以来、何度か重信たちのもとを訪れていた。彼は、「重信には、うちは共産党から学生運動の闘士までが集まっていると言うおおらかさがあり、日本赤軍だけが対立する国や組織をすいすい行き来していた」と驚いていた。

重信が全方位外交をとるようになるのは、PFLPの内紛がきっかけだった。アラブでは日々刻々と歴史は動いており、「昨日の合意は反故《ほご》にするために結ぶもの」、かけひきが政治手法だった。しかもイスラエル建国により戦時体制に入ったため、軍や秘密警察が権力を握る国が多く、解放闘争勢力は国家の反対勢力に利用されやすい環境にあった。確約を迫ると、「インシャラー（神の思し召しのままに）」「ブックラ（明日ね）」「マーレッシ（気にするな）」というお国柄。真面目で律儀な日本人気質そのものの日本赤軍を、どこの国や組織も子飼いにしたがった。だが、銃や手榴弾がゴロゴロしている世界では、敵か味方、旗幟《きし》鮮明にした瞬間、殺される危険性も高くなる。

国家権力の傘の下には入らない、スパイ活動はしない。本拠地は世界のゲリラ兵士が集まるレバノン北部のベカー高原にあって、各地にシェルターを持ち、各国に便宜を図ってもらわねば出国も生活もできない立場にありながら、日本赤軍は小さくとも自主独立を貫く。

「某国のトップにその国益のためにあることを頼まれたとき、後ろからズドンとやられるかなと思いながらもノーと言って席を立ったこともありました。原則を曲げて生き残る必要なし、ですから」

よど号で北朝鮮に飛んだ赤軍派時代の同志とは、七〇年代半ばに交流が始まった。アラブから、「不満があれば出てこい」とリーダーの田宮高麿に呼びかけ、ＰＦＬＰに彼らの受け入れを頼んだ。だが、彼らは来なかった。合流の話は、早い時期に破談していた。

「私のような感性の持ち主には、髪型が刈り上げとかおかっぱとか、画一的なのはあんまり……。当初はスターリニストに抑圧されていると考えていましたが、彼らの意志で主体思想万歳！　になっていたのがわかって、びっくりしたけれど」

全世界の革命組織との会議やアラブ諸国との交流。日本の取材陣や訪問客への対応。難民キャンプの病院や孤児院設立に、パレスチナ女性同盟の立ち上げ。日本の商社からは石油や海産物の商談仲介や、円借款の入札工作、賄賂で逮捕された日本人の救出依頼までもち込まれた。

多忙な重信が、娘と過ごせた時間は少ない。メイが就学する頃になると、母娘は互いの安全のために離れて暮らすしかなかった。

「一瞬のメイとの逢瀬は私に力を与えてくれました。そんな相互関係です」

恋愛に浸る時間はなかった。山田は、会議で会ったメイの父親が「戸籍はどうするつもりか」と娘を案じて聞いたのに対し、「組織の偉い人が自分の子どもの心配などしてどうする！」と怒った重信を鮮明に覚えている。山田の目には、リッダ以降、重信には大変なことばかりだったと映る。だが、彼女は首を振る。

「正義は我にありとずっと楽しかったです。悔しいことや泣きたいことは、前向きの力にしないとへこたれちゃうから」

重信が世界の火薬庫で仲間を率いていけたのは、なまじ理論家でなかったこと、根っからの楽天家で、お洒落や生活を楽しむ欲望を否定しなかったことが大きい。リッダの記念日や同志の誕生日には、みんなでパーティーを楽しんだ。

「私はミーハーですから。アラブは、私が私のままで通用する土地だった」

岡本奪還後日本回帰へ動き出す

七七年、PLOのアラファト議長が国連で「軍事至上主義を破棄する」とスピーチし、日本赤軍も武装闘争を自己批判した。八二年、イスラエルがレバノンに侵入したときは、激しい空爆のなかを市民とともに銃を持って迎え撃ち、日本人を安全な場所に誘導して、シリアなどに避難。八四年、ベカー高原に再結集した。日本赤軍は贅沢な生活をしているという情報が日本に流れたが、「生活は質素に、資金は活動費に」が合言葉だった。他の革命組織のようにベンツやボルボを買いたいと山田が頼んでも、重信に「人民のために奉仕するのが基本。車が革命するんじゃないでしょ」と一蹴され、中古のソ連製ラーダになるのが常だった。

若松孝二が、日本赤軍のもとを訪れた回数は、十五、六回にものぼる。メンバーの家族の手紙や餅や明太子でぱんぱんのリュックを背負い、ベカー高原にも行った。使い捨てのビニール袋を洗って干してまた使う足立を見たときは、「変わったな」と胸が詰まった。

「冬は寒いんですよ。こんな寒いところで、なんで人の国のためにこんなにやるんだと思うくらいやっていた。彼らはアラブの日本人をいつも守ってましたよ」

九〇年八月、湾岸戦争が勃発し、クウェートに侵入したイラク軍は日本人を人質にとる。重信たちはバグダッドに入り交渉、中曽根康弘元首相によって人質が解放されるようにお膳立てをした。しかし、日本にこのニュースが流れることはなかった。

八五年、日本赤軍は、イスラエルで終身刑の判決を受け独房に繋がれていた岡本公三を、ジュネーブ条約の戦時下捕虜交換で取り戻す。長期にわたる拷問で精神が不安定な岡本を、重信は日本の彼の友人とともに中継地のリビアで迎えた。

アラブの英雄・岡本の帰還に熱狂して怖いぐらいの人が集まっていた。「生きていてくれて、ありがとう」と泣いて抱きしめると、岡本はテルアビブ空港到着から奥平と安田の死を確認した瞬間までを一気に話し終え、泣きじゃくった。岡本は、煙草を吸うときも三本手元に置くという具合に、すべてを三つにしないと落ち着かず、自分の腕に並んだ三つの黒子《ほくろ》を見せながら、「いつも二人と一緒と言い聞かせていた」と話した。

「岡本奪還」が最重要課題だった日本赤軍は、このときから日本回帰を目指す。八〇年代に入ると政情は厳しくなり、アラブ圏外の拠点作りが必要だった。八五年、「もう楽しくなくなって」山田が日本の警視庁に出頭。八七年、日本で丸岡逮捕。古くからの同志の自首と逮捕のショックは大きかった。だが、時代はさらに重信を追い詰めていく。八九年から東欧、ソ連と共産圏崩壊が始まり、九三年、国家間のパワーゲームのなかでパレスチナ暫定自治協定が結ばれ、レバノンの解放地区は次々閉鎖された。CIAが「テロリスト」と狙い定めた日本赤軍はリッダ闘争の威光も薄らぎ、アラブの桎梏《しっこく》となっていく。

「みな指名手配で、死刑囚の人もいる。岡本さんの安全確保とメンバーの衣食住をどうするか。それが九〇年代の外交交渉のポイントで、ほんとうに大変でした」

「迷惑かける前に退くのが礼儀」と南米や東南アジアに散った同志たちは、次々逮捕されていく。九七年には、レバノン政府が岡本ら五人を逮捕。日本政府から百億円の経済援助があったことが、後に判明する。重信も数時間前まで彼らといたが危機一髪で逃れ、逮捕者の釈放交渉に入る。日本赤軍の解散は決定していたが、岡本の安全が保証されるまでは公表できなかった。〇〇年三月、レバノン政府は岡本に建国以来初の政治亡命を認め、他の四人は日本に強制送還された。

「日本政府と激しい争奪戦になり、私も頑張ったけれど、結局、日本の司法に委ねられることになりました」

アラファトは、「自分の家の隣に住んでほしい」と重信を誘った、と言われている。母娘二人ならどこかの国に亡命できたのではないか。そう訊ねたら、質問自体に呆れたと言わんばかりの返事が来た。

「二人だけで亡命！　みんな不可分の仲間で、支え支えられている。そう、家族なのですよ。切っても切れない関係です」

岡本と共に逮捕された山本萬里子も、「ほんとうの家族以上の関係。想像もしなかった人生だけれど、後悔は一切ない」と言い切った。

メイの父親に帰国を相談すると、彼は自分も故郷に戻ると言った。二人が会うことは二度と叶わなかった。重信は人生の半分を生きたアラブを去った。

何度生まれても私は私のままがいい

〇〇年十一月八日に大阪・高槻で逮捕。九七年から北京を拠点に数度日本への出入国を繰り返していた、と報じられた。重信は、日本では異邦人のようだったという。

「どこでも社会とのつながりができてしまう。自然体はまずいと思いながら、ここまできたんだからなるようにしかならないと穏やかに暮らしていました」

逮捕時、西成区のアパートからフロッピーディスク四枚分の資料を押収され、多方面にわたって家宅捜索が入り、五人の逮捕者が出た。「革命家にあるまじき行為」と仲間からも批判されたが、食中毒に罹って医者にも行けず、高熱を押して高槻に行ったので書類を処分できずにいた。やつれきった重信を、マスコミは「あの美人闘士がオバサンに」と揶揄した。

「逮捕されたことより、大勢の人に迷惑をかけ、他人の旅券を妄用《ぼうよう》して被害を与えてしまったことで頭が一杯でした」

　十二月末、すみ子は、母のよし子を連れて、警視庁で重信に会った。親戚の手前「行かない。死んだものと思っているから」と頑なだった母は、迎えに行くと「房子が好きだから」と、みかんと煎餅を用意して待っていた。アクリル板の向こうで妹は、「わぁ、お母さん、お姉ちゃん」と涙を流して笑っていた。「どこ行ってたの、バカだね」と思わず言ったすみ子の横で、母はただ泣いていた。

〇五年三月、重信は独房で母の死を知る。

　重信の傍らにはいつも死があった。共に闘い、愛し愛された人を次々失った。アラブでの彼女は、同志にも死別した人への思いを語ることはなかった。

「死を認めたときの苦痛がそうさせるのか、実感としては誰も死んでいないのです。みんなと今も一緒に闘っている気分です。心のなかで確実に記憶に刻まれ、苦しいときや命にかかわるときに代わる代わる登場してきて、私の苦痛を相対化してくれる。苦しみや痛みというのは今が一番苦しく、痛い。過去の苦しみや痛みの情景が、あのときを過ごしたのは私だと力を与えてくれます。私は時代とともに生きているとしみじみ感じます」

公判に駆けつけたハイジャックの女王、現在はパレスチナ国民議会の議員となったライラ・ハリドは三十年前に海外で行われた民族解放闘争のひとつの作戦が日本で裁判にかけられていることに驚き、「国際法の観点からみて合法的なパレスチナの闘争を裁く権利はない」と主張した。一審判決は懲役二十年。判決前に会った重信は支援者へ熱いメッセージを託していたものの、もうどこか達観しているようでにこにこ笑うだけだった。

この空を飛べたらどこへ行きたいかと訊ねると、重信房子は迷いなく答えた。

「六〇年代、七〇年代の日本とパレスチナに立ち戻り、もっとやり直したいことあり、です。もっと丁寧に愛し合いたい、パレスチナで求められた奮い立つような使命感を日本のなかで役立たせたい。非合法に葬られない闘いをしたい。でも、何度生まれても私は私のままがいい。父から始まる道はそのままでハッピーです」

若者たちが正義を求めて闘った政治の季節があった。父の理想を背に受けながらあの時代を真っ直ぐに生き抜いてきた一人の女性が、そこにいた。

「婦人公論」二〇〇七年十一月二十二日号、十二月七日号、十二月二十二日号、二〇〇八年一月七日号、一月二十二日号掲載

作家 **村田沙耶香**

生き延びるための小説

撮影 岡田晃奈

三月中旬、冬の寒さが残る横浜のイベント会場で、春の服を着た村田沙耶香《むらたさやか》が緊張しながらもにこにこと恩師の宮原昭夫と向かい合っていた。八十四歳になる宮原が上梓《じょうし》した『宮原昭夫評論集─自意識劇の変貌─』の出版記念対談。百人の聴衆が二人の芥川賞作家の対話に耳を傾ける。

デビュー作の『授乳』から昨年上半期の芥川賞受賞作『コンビニ人間』まで、村田作品を読み解いてきた宮原は、そこに持続するテーマは「自分と外界との違和感だ」と語った上で、「評論されることについてどう思うか」を、愛弟子に訊ねた。村田は、可愛らしい声で迷いなく答える。

「自分自身ではできない発見があるので、どんな評論でも傷つくことはありません。文学論を交わしたとき、『紙クズ』と言われたこともありますが、当たり障りのない言葉より有り難かったです」

宮原が小説の書き方を指導する「横浜文学学校」にはじめて姿を現したとき、村田は二十歳だった。運営を担う受講生たちには学生運動の元活動家が多く、彼らは蚊の鳴くような声で話す小柄で可憐な女子大生の登場に当惑した。どうやって扱っていいのか。宮原に「名刺代わりに書いてみなさい」と言われ、村田が書いてきた『妖精の唇』はレズビアンの大学生が主人公で、次の作品『授乳』は家庭教師を支配する少女の物語だった。合評会ではほめる人もいたが、大半の人は「わからない」「可哀想で批判できない」と困りきっていた。

団塊世代の男性には理解されなかった『授乳』は群像新人文学賞の優秀作に選ばれ、大学卒業後、コンビニで働いていた村田は二十四歳で作家としてデビューする。その六年後の二〇〇九年に『ギンイロノウタ』で野間文芸新人賞を、一三年に『しろいろの街の、その骨の体温の』で三島由紀夫賞を受賞した。

プロになった人は教室を卒業していくのが常なのに、この作家は留年生のように教室に通い続けてくる。性愛で結びついた家族概念が崩壊した近未来が舞台の『消滅世界』や、「十人産むと一人殺してもいい」制度によって生と死が置換可能になった社会を描く『殺人出産』が合評会に上がったときも、「さっぱりわからない」と首を傾げる受講生が多かった。そう、宮原は苦笑する。

「村田さんはすごく優しいのに並外れて鋭くて、心と目が違う人。一種の哲学者なんですね。彼女自身の印象と作品が違うのは、文学の奴隷だから。奴隷になれる才能がある。文学という大義のため、空想が自分の論理や性格を飛び越えてしまうところは三島由紀夫に似ている気がします」

村田が女性誌で書いたエッセイは小説とはまるで違い、類型的だと感じた。そう伝えると、彼女は「それは鋭い指摘です。雑誌に寄せた架空の私。小説の主人公がどう感じるかは想像できるんですが、自分自身の言葉はそんなに持ってないかもしれません」と笑った。主人公たちと作家自身を重ねて読まれがちだが、むしろそれは村田にとって難しいことだという。真実は物語の中にある。

紅白の審査員席でも「早く書きたい」と願う

こんな小説家を、作家仲間の西加奈子は「アーティスト」と規定した。七年の付き合いのなかで村田が西の誘いを断ったことは一度もなく、自分の欲求を主張したこともない。村田は楽しそうにそこにいるだけだ。天然なのにどこか底知れなさを秘めた彼女に西は好奇心を募らせ、その優しさにはいつも打ちのめされてきた。

「自分を守ることがなく、作家としてこう見られたいという欲もない。あんなピュアな子が、人間がそこに触れては壊れてしまうような作品を誰かを殺すような勢いで書いている。尊敬しています」

村田は大抵白に近いパステルカラーを身に着けて、ふんわりはにかみ、「ありがとうございます」と口癖のように言う。それがぶりっ子にも偽善者にも見えない人柄で、多くの人はその既成概念を破壊するような作風との距離に驚く。デビュー時にはじめて村田が小説を書いていると知らされた二人の親友も、「読んで衝撃だった。二重人格かと思ったほど」と口を揃えた。

家族や母娘関係、ジェンダー、セクシュアリティの強烈な葛藤を描きながら、村田作品に通底するのは、規範や常識や普通であること、そして世界の構造への深い違和感と恐怖である。高い評価を受けてきたが、「売れる」作家ではなかった。だが、マニュアル化されたコンビニでバイトを続ける三十代半ば未婚の主人公を通し、就職や結婚といった社会の同調圧力を浮かび上がらせた『コンビニ人間』は、六十一万部を売り上げた。いまだコンビニで働く経歴も相まって村田への注目度は高まり、芥川賞受賞以来取材が殺到して、昨年の紅白歌合戦の審査員席にも座った。

しかし、村田には高揚感はない。紅白では、熱唱するアーティストが羨ましくて、拍手を送りながら「私も早く書きたい」と願っていた。多忙なあまりバイトを休まざるを得なかった間は書けず、「誰を裏切っても小説の神様に誠実に」などと書いたメモばかりがたまった。今年二月に復帰し、ようやく週三回コンビニで働くという受賞前のペースに戻した。コンビニは外界と強制的に接することができる場所であり、そこで働いていると書きたい気持ちが募って、書けるのだ。

「私には、小説以外に好きなことはありません」

一九七九年生まれ。陽気な働き者の父と、シャイでクールな専業主婦の母、六つ上の明るく優秀な兄がいて、典型的な核家族に育った。家族から大切にされ、可愛がられた末っ子は、早くに自分は「人間が上手にできない」と感じていた。活発で物怖じすることのない近所の女の子たちに比べて、内気で泣き虫で繊細な娘を、母は「大丈夫かしら」と心配する。大人の喜ぶような普通の子になりたいと思ったその頃にはもう、脳内に物語がすみ着いていた。寝る前に、自分に読み聞かせるように、昼間に見たアニメの『ドラえもん』や『フランダースの犬』で気になったところをアレンジしながら、「自分ではないものになって」眠るのが習慣だった。

小三で小説を書き始める書くことが快楽になった

父の転勤に伴い何度か引っ越したあと、千葉のニュータウンの一軒家に落ち着いたのは、幼稚園に入ったときだ。この時代のエピソードに、運動会の大玉送りで、先生に「大事な玉だから乱暴に扱ってはダメよ」と言われた村田が、丁寧に玉を扱いすぎたために競技が中断したという話がある。玩具をねだる兄を母が「うちは貧乏だから」と叱るのを聞くと、家族というだけで家に住まわせてもらい、ご飯を食べさせてもらい、お菓子を買ってもらうことに良心の呵責を覚えた。

言葉を真に受け本来の目的からズレていってしまう少女は些細なささくれにも敏感で、威圧的な人やイライラした人の前では言葉が出なくなった。幼稚園というはじめての社会は、女の子の集団も乱暴な男の子たちも怖くて、先生のそばを離れられない。母に「学校の図書館には沙耶香の好きな本がいっぱいあるよ」と言われてやっと行く気になった小学校でも、勉強では百点をとれても、「おはよう」の上手な言い方がわからず、失敗する恐怖で先生や同級生の顔色を窺《うかが》った。どこに行っても観察者になるしかなかった。

小三で小説を書きだした。若い快活な男性教師が担任になったおかげで男の子を泣かせるくらいの腕白に変身し、はじめてクラスに溶け込めた時期だ。友だちに見せるために書き、寝る前の空想の完成度が高いと、それは誰にも見せずにノートに書き留めた。六年生のとき、母が半分お金を出してくれ、ワープロを手に入れた。元の内気な少女に戻っていたが、夜になると六畳の自室にこもり白い勉強机に向かって書き続けた。ナンバリングされた「沙耶香」のフロッピーが増殖していく。

頭の中で創るお話とは違い、小説は制御不能で、言葉や設定を変えるだけで化学反応が起こり、思いもかけなかった未知の場所へ連れていかれた。その感覚に夢中になった。自分で書いた物語の大好きな男の子が死ぬのをどうしても止められず、泣きながら書き留めるしかなかったこともある。それは、幼い頃から居心地の悪いこの世界の「真実の真実」を教えているのではないか。

「みんな、家族だから愛していると言うけど、本当かなって思ってました。道徳の授業やテレビのなかにも、見過ごしてはいけないような疑問を感じていました。そうじゃない真実や正義があるのではって。書くことで、誤魔化されているものの核心にもっと近づけるような気がしたのだと思います。もの凄い快楽でした」

もうひとつ、十代に届かない村田が集中したのが、思春期について書かれた本を読むことだった。元教師の母の女性観はその世代の母親には珍しくない保守的なもので、娘には「下品な言葉を使わないで」と教育し、テレビに性的な場面が映ると「教育によくない」とチャンネルを変えた。村田は「男の人に選ばれる女の人になってほしい」という母の願いそのもののようなピンクの服やピアノのレッスンが嫌いで、黒い服がカッコいいと思っていた。なのにアニメの『魔女っ子メグちゃん』を見ると、めちゃくちゃボインになって誰かに見初められたいと憧れ、初潮の訪れを待ちわびた。それが承認欲求だとわかるのは高校生になってからだ。

山田詠美の作品と出合う
憧れすぎて書けなくなる

小学校の卒業文集に「将来の夢は少女小説家」と書き、中学に上がると村田の小説への帰依はさらに顕著になっていく。『しろいろ〜』の舞台にもしたニュータウンの学校は階級社会だった。女子の残酷さが怖くて、同調圧力に迎合してしまう自分を激しく嫌悪し、「消えてしまいたい」衝動に襲われ続けた。この世界との融和感はなく、話を聞いてくれる見知らぬ大人を求めてテレクラに電話をかけ、『完全自殺マニュアル』を読みふけって、卒業式の一週間後に山で凍死すると決めてカレンダーに書き込んだ。

死なずにすんだのは小説があったからだ。家に帰ると、敵をバキバキ倒していく黒人少女の物語に、「書き終わるまで死ねない」と没頭した。書くことは現実逃避であった。書きながら、自身の内面やいじめの当事者の心情を分析して傷ついた心を回復させる方法も覚えた。「村田死ねよ！」と言われて死にたくなっても、言った同級生を観察して分析すると負の感情は消え、ただのデータになっていく。それはカタルシスだった。

「誰も嫌いにならないと決めて自分を守りました。自分の小説の主人公たちもなんとか生き延びようとしますよね。あのときの私も生き延びて小説を書くぞという執着心が強くて。傷つきやすい半面ふてぶてしいんです。小説は命と接続しています」

高校は、家から片道一時間半かかる二松学舎大学の附属高校を選んだ。母が薦めた学校は中学の同級生が誰もいなくて、「過去を抹消できる」と決めたのだ。入学式で新入生代表の宣誓をした村田はおっとりとした風情と色の白さが際立って、ついたあだ名は「お嬢様」。担任だった野島淳一は「大人しいけど芯はしっかりして、普通の子でした」と振り返る。高一の同級生で、同じ美術部員だった柿﨑万希子は、ところかまわず投げキスを寄越す村田といると平和だった、と話す。

「天然で、決して人の悪口は言わない。喧嘩している男子生徒の中に入っていこうとしたので止めると、『和むかなと思って』と言ってました」

低かった声のトーンが高くなり、喋り方も可愛くなった。村田にとって、自分を面白がってくれる友だちができた高校生活は幸せな時間だった。告白して、ボーイフレンドもできた。選ばれる女の子を目指していたはずが選ぶ女子となったのは、高一で偶然手にした山田詠美の本で、快楽は自分で選ぶという価値観を発見したからだ。

「可愛い女の子に憧れながらも嫌だなという相反する感情があって、ずっと苦しかったんです。だから男の人と対等に恋をする強い女の人が出てくる山田詠美さんの本を読んだとき、私も告白する女の子になりたいって思いました」

山田の影響はそれだけではなかった。その完璧な文体に憧れすぎて小説が書けなくなったのだ。自分には才能などなかったと哀しく諦めて、将来は心理カウンセラーになろうと考えた。苦しかったとき、心理学者の岸田秀の著作に救われたことがあったのだ。カウンセラーになって、自分のような中学生を救おう。だが、母も喜んでくれたこの進路を、村田は「もう一度小説に挑戦するため」受験ギリギリで変更し、芸術学科へと進学する。小説とは言えずに「芸術をやりたい」と言う娘に、母は「沙耶香はいざとなるとテコでも動かない」とため息をついた。

小説は生き延びる杖に
コンビニは自由な場所に

小説の神様が再び村田に微笑むのは大学二年、本屋で宮原の書いた『書く人はここで躓く！』を見つけた瞬間だった。勇気を振り絞って「横浜文学学校」へ電話をかけると、親世代の受講生たちに「学割でいいよ」と迎え入れられた。「ここではどんな作品でも受け止めてもらえる」と思え、『妖精の唇』を書いてみると、「生理的にゾッとする」「気持ち悪い」と言いながら、みな「それはいいことだ」と温かい。宮原は、講評で「賛否両論分かれるほうがいいんですよ」と言ってくれる。

「人間の醜い部分を書くと、『わぁ、気持ち悪い』と言って、それが文学ではいいことなんだって。真実を知りたいという幼少期からの願いに合っていたんですね。すごく励みになりました」

村田がコンビニでバイトを始めたのは、この少し前だ。母は「無理じゃない？」と反対したが、家で仕事のやり方を予習してくるバイトは村田くらいなもので、店長からは「覚えがいい」とほめられ、鍵を預けられるまでに時間はかからなかった。「やればできるじゃん」と自信がつき、ずっと異性でしかなかった男の子を仲間と見られるようにもなった。バイトが終わると仲間と居酒屋やカラオケに行き、お酒を飲んで、誰かの家で男の子に交じって雑魚寝した。もはや母の望む品行方正な大和撫子は目指せない。

小説という生き延びるための杖に加えて、コンビニという自由な場所を手に入れたのだ。

「応援してもらって筆が鈍るのは嫌だ」と親しい人には小説のことは言わずにきたが、母との間に葛藤を抱える娘の話でデビューしたときに、勘当を覚悟して「お母さんのことを書いたわけではないよ」とまず母に打ち明けた。家族は性描写の多い末っ子の作品から早々に撤退したが、読まずとも受賞の度に祝ってくれた。「アーティストは結婚しない」と思っている節がある母や父は、作家になった娘に結婚も出産も強いることはない。

名声もお金も平穏な日常さえ望まず、フィクションの中にだけある真実を求め、脳が進化するような快楽を追って書き続けてきた。デビューして十三年、「前作と重なっている」と編集者に指摘され、ゼロから書き直した『コンビニ人間』で芥川賞を得た村田は、バレンシアガの黒いワンピース姿で、はじめて授賞式に招いた両親を前に「人類を裏切るような言葉を探したい」と誓った。

「いろんなものを、小説の神様の邪魔になるからいらない！ と燃やし続けてきた乱暴さ、残酷さが自分にはあると思います。書き終えてから死にたいので、百歳くらいまで長生きしそうです」

『コンビニ人間』は、一八年秋、アメリカの大手文芸出版社より英語版が翻訳出版される。日本人作家の英語圏の版元での出版は、現存作家では村上春樹、吉本ばななに続く。小説の神様はきっと、どこまでも村田沙耶香を離さない。

「アエラ」二〇一七年五月十五日号掲載

脚本家 **木皿泉**

日常を輝かせる魔法のドラマ

撮影 白谷達也

外は三十八度の真夏日。本と細々した置物で囲まれたバリアフリーのリビングに、クーラーはない。十階の部屋は六甲からの山風と神戸港からの海風の通り道になっていて、空が見える。

「先生の診断では私は躁鬱《そううつ》病なんです。で、エビオス飲んどくかと言われて、飲んでるの」

「えっ、エビオス……」

茶色の薬壜《くすりびん》を横に置いた妻鹿年季子《めがときこ》と話していると、携帯が鳴った。

「メール、トムちゃんからだ。僕のこと忘れてんのん？　だって。ハッハハハ」

一緒にいた和泉務《いずみつとむ》が「僕、ちょっと休むわ」と言って寝室に引きあげてから一時間もたっていない。妻鹿はそこだけ冷房の効いた隣室にとんで行き、鼻唄を歌いながらベッドで寝ている和泉の身体にガチャガチャとベルトを取り付け、リフトを使って車椅子に移動させた。

「仕事よりよっぽど介護のほうが楽しいですね。手をかけると、元気になってくれるもの」

和泉は六年前の十月に脳出血で倒れ、左半身が完全に麻痺した。今は要介護認定が五から四になったが、お風呂に入るときは介助が二人必要だ。「動物、運んでるみたいでしょ。これがないとこの人の腰がもたないんです」と自由な右手でリフトを指さし、自由な口で妻鹿の作業を説明する。

夜になると、部屋の改修案を作った作業療法士の谷口英郎《ひでお》と建築家の山下香が二人を訪ねてきた。シャンパン、ローストビーフ、かんぱちの刺し身、松茸、串揚げ。車椅子のまま座れるテーブルの上はご馳走であふれ返り、和泉も妻鹿も喋り倒す。飲み屋のママのように患者を楽しませて言葉を回復させる言語聴覚士、「立派なおチンチンです」と励ましてくれる看護師など、「病気になってからどんどん現れるいい人」の話題は尽きない。谷口は「和泉さんも奥さんもリハビリ、ほんとに頑張られましたね」とニコニコ笑って、せっせと和泉の口元を拭《ふ》いている。拭かれながら和泉は「みんな、愛の人なんです」と静かな目をしていた。

「ハピネス三茶」に住みたいマニア生む特別な世界観

それから二週間後、和泉は特別養護老人ホームに「ホームステイという苦行」に出て、妻鹿は神奈川県厚木市の廃校になった高校で日本テレビの秋のドラマ『Q10』の撮影を見守っていた。

「トムちゃん」「トキちゃん」と呼び合う妻鹿と和泉は夫婦であり、同時に二人で一人、足して百十一歳になる脚本家・木皿《きざら》泉なのである。

知る人ぞ知る存在だった木皿の名前が一気に浸透したのは、二〇〇三年夏に放送された『すいか』からだ。信用金庫に勤める三十四歳の独身OLが下宿屋「ハピネス三茶」で年も職業も違う女たちと出会い、平凡な日常を見直す物語。女性やドラマ通から熱狂的な支持を受け、向田邦子賞を受賞。続く『野ブタ。をプロデュース』『セクシーボイスアンドロボ』も「何十回も見た」というマニアックなファンを量産した。『すいか』以降の木皿作品をプロデュースしている日本テレビの河野《かわの》英裕《ひでひろ》は、一番のファンを自認する。

「プロデューサー優先のドラマ作りが主流の時代に、作家性を押し通せる脚本家。仕事をしていると辛いことはいっぱいありますが、書くものが好きですから。台詞は座右の銘になっています」

木皿作品を特徴付けるのは数々のアフォリズム。「色々、居てよし」「仕事は、誰とするか。それが大事なの」「オレ達はどこででも生きてゆける」——。テーマは一貫して、普通の人が日々をいかに生きるか、である。

和泉にとって日常は、物心ついた頃からどこか陰りのあるものと映っていた。夫婦で兵庫県警に勤める両親のもとに生まれ、二歳でポリオを発病して左脚が麻痺、歩くときも野球をするときも装具を外せなかった。「人に迷惑をかけるな」が口癖の父は息子を卑下しているようで、遠足には祖母が付き添った。最愛の祖母を亡くした二十七歳のときにNHKが主催した漫才台本コンクールに入選、漫才作家になった。木皿泉とはそのときにつけた、もともとは和泉のペンネームである。その心は〝キザな和泉〟。

「健全な状態はわかりません。今、こうなっても同じなんですけど。子どものときは嫌でしたねえ。それを相対化するためにすべてを冗談にするという体質はあると思います、飴をなめる感じでね。それがお笑いの分野に向かわせたんでしょうね」

一方、妻鹿にとっての日常は、幼い頃から途方もなく退屈なものだった。神戸製鋼に勤める父と専業主婦の母、兄と妹の五人家族。両親に愛されて育ったが、短大時代に、多大な影響を受けることになる「大島弓子」を教えてくれた親友と仲良くなるまで、友だちを欲しいとも思わず、生きている意味もわからず、自分をナマコのように感じていた。就職してからは、「服買ってあげるから」「靴買ってあげるから」と母に言われるままに見合いすること十一回。ついに「お母ちゃん、ちっとも幸せそうやないけど、結婚して何が楽しいの」と詰め寄ると、母はムムムとたじろぎ、「晩ご飯、好きなものができる」と答えた。

「なんだろう、この退屈な感じはとずっと思っていて、でもそれは違うんだってことが年をとって、あるとき、わかったんですね。だから、そのことをずっとシナリオに書いてるんだと思います」

バブル期には出番なし
「バイト」と「ヒモ」の生活

二人が出会ったのは和泉三十六歳、妻鹿三十一歳、昭和がそろそろ終わろうという頃であった。構成作家としてNHK大阪に出入りしていた和泉は、ある日、ラジオドラマの脚本懸賞の入選作が録音されているスタジオを覗いた。そのミスターレディを主人公にした『ぼくのスカート』の台本を読んでいて、「社会学の論文みたいやなぁ。自分が書く泥臭いドラマとは違って、シブいなぁ」と感心したからだ。ところがそこでは、大柄な女が「この世に愛なんかない！」と叫んで、「ドラマを書いていこうという人間が何てこと言うねん」とプロデューサーたちを怒らせていた。近づかんとこと思ったが、ドラマの書き方は教えてほしかった。

当時の妻鹿は、父のコネで入った商社勤めの傍らシナリオ学校に通って十年、応募した作品が次々と入選し、西宮の実家を離れて一人暮らしを始めたばかりだった。木皿泉の名前はシナリオ学校でも有名で、「才気走ってめちゃトンガってる人やで。でも、人間的には最悪」と聞いていたから敬遠していた。だが、本人に会ってみるとふっくらとして温厚、「一緒に漫画原作やって儲けませんか」と人懐っこい。いつの間にか毎晩のように電話で情報交換し合うようになり、明け方の五時まで喋る毎日。そして、ついにショルダーバッグをさげた和泉が花束と若鶏の串焼きを抱えて、大阪下町の商店街にあった妻鹿のアパートに現れた。

「フーテンの寅さんも結婚できないし、僕も断崖絶壁だったから前に進むしかなかったんです」と和泉が言えば、「仕事がらみですよ」と妻鹿。このあたりのエピソードは三十六歳と四十歳で出会った田辺聖子とカモカのおっちゃんを彷彿《ほうふつ》させるが、実際、田辺にとってのおっちゃんが純文学の狭い道から抜け出せた触媒であったように、「暗〜い、芸術祭参加作品のような」作風から脱皮したかった妻鹿には、山のような知識とお笑いの手法を持つ、言葉の達人は救世主のようなものだった。

共同執筆は偶然のように始まった。書きかけの原稿をそのままにして市場に出かけた妻鹿が家に戻ってワープロを覗き込むと、ギャグが入って原稿が活気づいていた。その上に書き足すと、ダレていた物語が面白いように転がり始める。二人、入り乱れて書くようになった。一九八九年放送のラジオドラマ『もしかして時代劇』は和泉の仕事だったが、二人で書いた。妻鹿の仕事も二人で書いた。価値観も嗜好も似ていた。一緒にご飯を作って食べて、喋って、読んで、書く。暇な時間は古い邦画の名作を見まくった。それは、和泉には「まるで昭和を二人で生きてきたような」、妻鹿には「気の合う人と一緒にいることがこんなに楽しいのか」という暮らしであった。

「もうどちらの考えか、今ではわかりませんねえ」

「一人で書いても二人で書いてるのと同じです」

三谷幸喜の出世作である『やっぱり猫が好き』の脚本に参加する頃に、妻鹿の書いた『ぼくのスカート』に酷似したテレビドラマが民放で放送されるという事件が起こった。妻鹿は関係者に「裁判するならこの世界でやっていけなくするよ」と脅かされたが、書けなくなる恐怖にジタバタしながらも著作権侵害の訴訟を起こし、「もう関西では仕事しません」と宣言。和泉は「死にたい」と泣く妻鹿に味方して、自分まで仕事を降りてしまう。裁判所の和解勧告を「これが盗作でないなら、私、いくらでもパクります。判決出してください」と撥《は》ね除《の》けて続けた裁判は、三年かけて負けた。お金がなかったので控訴はしなかった。妻鹿は商社をやめており、『猫』が終わると二人に仕事はなかった。

木皿泉が書かなかった時間は短くはない。ドラマの世界はバブルの名残が続いていて、「入る隙はないな」と唖然と過ごしながら、妻鹿はバイトに出かけて、和泉は「ヒモ生活ですね」。男の沽券《こけん》などとは無縁の和泉が妻鹿のツボだった。

「ヒモも根性がないとできませんよ。男なんて実態とかけ離れた人だから好きになったんです」

とはいっても、正義感の固まりの妻鹿はすぐに喧嘩してバイトをやめてしまう上、お金が入るとあれやこれやと使ってしまうので、いつも貧乏だった。お金がなくなれば、甘えられる人たちに電話した。妻鹿の母、永子《えいこ》は「どれだけお金運ばされたか。最近まであの子の国民年金も払ってました。これからどうするんやろと思うともう心配で心配で」と気を揉み、今も娘のために、的中率が高いことで知られる大阪駅前第4ビルの宝くじ売り場に通っている。

木皿泉が再起動するのは、二人が大阪から神戸に引っ越した九八年。『猫』の特別編と、続いてイッセー尾形と永作《ながさく》博美が夫婦を演じるコメディー『くらげが眠るまで』を書いた。撮影用のクラゲのレンタル料より安い一本七万円の脚本料ではあったけれど、ここで木皿泉の作風が確立される。

「『やっぱり猫が好き』の場合は三谷さんの世界を壊してはいけないと思っていた。でも、このときは自分たちの好きなことを思い切り書きました」

そして二〇〇三年。お決まりのドラマに飽き飽きしていた河野は、主演を務めることになる小林聡美の事務所の社長経由で届いた『すいか』のシノプシス（概要）を読んだ瞬間から、魅了された。日常の些細なことが書いてあるだけなのに、深く心に突き刺さる。「地味すぎる」という上部の反対をねじ伏せて制作にこぎつけた。だが、すぐに木皿泉と仕事をする困難さを思い知らされることになる。「もっとわかりやすく」と書き直しを要求すると、電話の向こうで妻鹿が「直せません〜ッ」と泣き叫び、その後ろで和泉が「こんな仕事、やめたれ、やめたれ」と声を上げるのだ。しかも脚本が遅れに遅れる。さらに視聴率が低迷し、番組終了後、河野はドラマ局を二年間外される結果となった。

当人たちは仕事が終わり、二度とテレビの仕事は来ないだろ、これで平和が戻ってくるとホッとしていた。向田邦子賞受賞の知らせも意外で、賞金三百万円を喜んでいたら、和泉が倒れた。大きく「愛」と書かれた救急車の中で「僕、脳卒中起こしたんですか」と冷静な和泉の傍らで、妻鹿はなんやこれはと茫然としていた。

光り輝いたプリン売り場
動けない絶望との対峙

「寝たきりになるかもしれません」と言われた和泉の入院生活は、リハビリも入れて半年に及んだ。妻鹿はその間、胃に栄養チューブを付けようという医師の提案を蹴り続け、和泉が口から食事を摂れるようにしようと必死だった。

「勉強したこともちゃんとＯＬしたこともない私が、あんなに実績残したことはじめてです」

和泉がプリンを食べられるようになった日、スーパーに足を運ぶと、彼が倒れて以来灰色一色だった店内でプリン売り場だけが光り輝いて迫ってきた。

二〇〇五年春、待ち望んだ退院の日がやってきた。それは、和泉にとっては動けない現実と対峙《たいじ》しなければならない絶望の始まりでもあった。

ドラマの現場に復帰した河野から依頼された、十月スタートの亀梨《かめなし》和也主演『野ブタ。をプロデュース』の脚本は八月になっても一本しか上がらなかった。放送が始まってからは、河野が神戸の家に張りつき、収録の当日に一枚一枚をファクスで送る綱渡り状態。「ご神託」と相棒が縋《すが》るアイデアは出せても、風呂で死んだように眠っている妻鹿の苦労を見ながら自分は寝ていることしかできない。和泉は「あのとき死んだほうがよかったわ」「悪いなぁ、悪いなぁ」を繰り返し、「僕を生んだということにしてくれないか。あまりにも世話になっていることに耐えられない」と頼み込んだ。

妻鹿は「来世で返して。私が金魚になったら飼ってね」と取り合わなかった。

「自分が動けないなんてなかなかわかりませんよ。今でも立ててると思ってるんですけどね、僕は」

二人が結婚したのは、出会って二十年近くたった〇七年の一月だった。『野ブタ。』のＤＶＤの印税が千四百万円入り、車椅子が自由に動ける家が欲しくて中古マンションを購入するとき、銀行が出した条件が「ご夫婦ならローンを組めます」だった。妻鹿の母、永子は、和泉に「奇特な方がいるもんやな。あんた、アホちゃう」と、祝いを贈った。和泉の叔母の大嶋京子は、妻鹿に「結婚はあなたにとって重荷になるでしょ。本当にいいの」と何度も訊ねた。「突っ張って生きてきて、傲慢なところがあった務が素直になっていました。よう出会った二人です」と、大嶋はしみじみ言う。

妻鹿にとって和泉は、ライナスの毛布なのである。

「私はトムちゃんがいないと書けないし、お風呂も入らない、歯も磨かない、ご飯も食べないダメ人間。死ぬまで一緒にいるのが夢だから」

だが、安心できたこの時期に彼女の心は決壊する。春に始まる『セクシーボイスアンドロボ』を書いている最中に、突然涙が止まらなくなったのだ。何を見ても悲しく、死にたかった。『セクロボ』十一話中、木皿泉が書けたのは八話。抗鬱剤《こううつざい》を服用しながらの執筆だった。和泉が必死に妻鹿を助けた。看護師の上田恵は、彼がこの頃から元気になったと証言する。

「介護されるだけと思っていた和泉さんが自分が支える側になって、一緒に脚本書いてるんだという気になられたんですね」

他人の優しさに生かされて二人だから奇跡が起こせる

妻鹿の「死にたい病」は、今もときどき再発する。

河野は心ならずも約束が守れず、妻鹿から「信用してないからあなたとは二度と仕事しません」としばらく絶交を言い渡されていたが、それが解けた去年の暮れに、「むじんくんが貸してくれないの」と借金を申し込まれた。

「書きたいものしか書かない。自分の筆で夫を生かしていかなければいけないという危機感が常にあるんでしょう」

和泉は、妻鹿から「死にたい」と言われる度に怖くてたまらない。けれど、動けなくなってしまった自分には彼女の気持ちもよくわかるのだ。

「それでも、僕らの世話してくれた人の親切があるでしょ。ちょっとずつの。その人らに対して死んでどうするのと思ったら、もう申し訳なくてね」

「私ら、そんな話ばっかりしてるんだよね。でも、私にはずっと死のイメージがあるの。だから、私と一緒にいるのはトムちゃんには修行なんだね」

「修行でも荒行やなぁ。千日回峰《せんにちかいほう》とか、谷覗くやつあるやん、あれやなぁ」

主治医の妹尾《せのお》栄治は、右脳をやられた和泉の感性が保たれていることが「奇跡のようです」と語る。木皿家にやってくる人々は、「行くのが楽しみ。悩みも吹き飛びます」と口を揃えた。

逃れられない日常ならば、誰かと笑って生きれば奇跡だって起こせるのかもしれない。

「アエラ」二〇一〇年十月二十五日号掲載

翻訳家　**鴻巣友季子**

翻訳とは批評である

撮影　鈴木愛子

二月中旬の東京。大隈講堂に隣接する早稲田大学エクステンションセンターで、鴻《こうの》巣友季子《すゆきこ》が講師を務める社会人対象の「翻訳とは何か」第二回が開講されていた。定刻五分前に教室に姿を見せた翻訳家は空席を認めると「出歩くの嫌ですよね」と頷き、講義を始めた。

「日本は翻訳大国です。読者のレベルは高く、要求水準も高くて、加工するのには抵抗感がある一方で読みやすさも求める。翻訳家は大変です」

講義にしろ、講演にしろ、鴻巣の話はひとつのテーマが深い上に波紋を描くように広がっていく。

何しろ『風と共に去りぬ』の新訳を終えた後に、作者マーガレット・ミッチェルの人生までたどって『謎とき『風と共に去りぬ』』を書き上げた人なのだ。この日の一時間半も、日本語にない罵倒語をどう訳すかという課題から現代文学の構造にまで話は及び、翻訳者としての心構えにも触れた。

「どれだけその視点に入り込んでいるか」

世界を舞台に活躍する作家が増え、かつて裏方と見られた翻訳家は知的で創造的な職業と認知されるようになった。鴻巣は「この人の訳なら」と思わせる翻訳家の一人だ。フェミニズム文学を先導するカナダのマーガレット・アトウッド、南アフリカ出身でノーベル文学賞受賞者のJ・M・クッツェーら「世界文学」の重要作品から、大古典『嵐が丘』の新訳まで、その仕事は「鴻巣訳」と呼ばれて、独自の視線と鋭い言語感覚、表現力で読者の心をつかむ。

「翻訳とは批評である」を信条とする鴻巣には書評家としての顔もある。膨大な読書量と古今東西の文学に精通する知識は、当然、翻訳にも反映されていく。いずれの顔も作家や編集者からの信頼厚く、中島京子は二冊目の小説『イトウの恋』が文庫化されたときに解説を頼んだほどだ。

「たまたま読んで面白いと思うものが、鴻巣さんの訳が多かった。翻訳が優れてるんです。読みやすくてユーモアがあって、解釈が面白い。私も翻訳をやったことがありますが、語学力はもちろん、知力も日本語力もいる。尊敬します」

明治と大正生まれの両親
人間が死ぬのが怖かった

緊急事態宣言をはさんだ一ヵ月ほど、鴻巣の体調はすぐれなかった。当人は「コロナ・コンシャスです」とわかっていたが、買い物はリモートワーク中の夫に任せ、自宅から出ることはなかった。そんな不調でも二冊の訳書を出版、毎日小学生新聞に連載した小説版「ロミオとジュリエット」を完結させ、文芸誌に「コロナと文学」など評論や訳文を次々寄稿した。

それは彼女にとって特別な日常ではない。締め切りが迫れば一日十四時間パソコンの前で格闘し、没頭すれば洗濯機を回したことなど忘れてしまう。救急車で運ばれたことが数回、ヴァージニア・ウルフの『灯台へ』を訳し終えたあとには帯状疱疹が出た。なのに、「倒れそう」と呟きながらも新著の告知から政権批判までツイッターでの発信は絶えない。ワーカホリック、ハイパー、働き者、情熱家、文学おたく、厳しくてフェア。人が鴻巣を形容する言葉はいろいろあって、ドイツ文学者の松永美穂は「完璧主義者」と規定した。

ノーベル文学賞決定の日は鴻巣と共に受賞者解説のために新聞社で待機するのが、ここ数年の松永の恒例行事だ。鴻巣は資料をいれた分厚いファイルを何冊も積み重ねて「誰が来ても大丈夫」といった態度で、また実際大丈夫なので心強いのだ。

「色の違う細かな付箋をびっしり貼った池澤夏樹さんの著作を池澤さんご自身に見せていらっしゃった姿も、印象に残っています。書評家としての努力の跡を隠さない。本当に勉強家です」

鴻巣には、欧米文学が日本に入ってきた明治時代にまで遡って翻訳を研究した著作もある。文芸誌に批評を書くときは二十冊は読む。そうした姿勢は、翻訳家に言わせればひとえに翻訳、もっと言えば書くことへの情熱ゆえだ。

一九六三年、五十四歳の父と四十五歳の母の結婚二十五年目に誕生した第一子。育った東京・世田谷の家には祖母や三十歳年上の義兄もいて、家族から熱烈歓迎された。ゼネコンで都市開発を手がける父はハイカラ好みで、酒の飲み方にも一家言あり、ルー大柴のように英語まじりで話した。日常着が着物の母は三味線や鼓を教える邦楽家で、PTAの会長も引き受ける活動専業主婦。娘は父から考え方を、母からは行動力を受け継ぐのだが、明治生まれの父と大正一桁生まれの母は友だちの親と並ぶと祖父母のようで、少し哀しかった。

「小さな頃から親との別れが早く来るんだと、強迫観念のようなものがありました。人間が死ぬとわかったときは怖くて夜中に目が醒めて、パパとママは息しているかなと確かめに行っていた」

父の一声ですべてが決まる家父長制的な家庭で大人に囲まれて育った娘は、ひどく内向的で、本と空想に耽溺し、お話を書くのが大好きだった。虚構の世界を知った幼稚園の頃にはもう言葉に敏感で、「見えるものが本当とは限らない」と考える子どもだった。小学校に入学すると得意分野では積極的な一面も見せるようになり、学芸会の台本を書いて主役をやり、壁新聞を作り、放送部ではアナウンサー。文芸活動となると俄然やる気が出る少女の通知簿には「読解力に秀でている」と、書評家としての現在の評価に通じる言葉が並んだ。

「国語や社会の授業になると、周りが止まって見えました。先生が何を質問するかもわかるし、答えもわかるし、多分こう間違える子がいるだろうということもわかった」

二十三歳で翻訳家デビュー
結婚より表現者を選んだ

小三で決定的な出合いがあった。父が買ってくれた『あしながおじさん』の主人公ジュディ・アボットが夢中で読む西洋の古典文学に魅了されたのだ。『ジェーン・エア』や『嵐が丘』や『宝島』。図書館に日参して、偕成社の「少女世界文学全集」にのめり込み、「西洋のカノン《原典》はこれで学んだ」。小四で近所の英語教室の門をくぐった瞬間には、ピアノやバレエ、三味線、絵画などの習い事とは違って「英語は自分のもの」と天命の如く腑に落ちた。既に目指す方向は見えたのだが、中学受験して入った成城学園では洋画に傾倒。名画座に通いつめ、自らも映画制作に熱中したアート一筋の中高時代は、字幕翻訳家に憧れた。

「今は自分と同質のものを求める人が多いけれど、あの時代は少し非現実で自分から離れたものだからときめいたのです。私の世界には洋ものしかなかった。今思えば母の世界への反発もありました」

将来を決めたのは、母が成城大学に通い始めた娘に、折にふれ「同居してほしい」

と結婚をちらつかせるようになった十九歳の頃だ。「FOCUS」の広告で翻訳家の存在を知り、二十歳でカポーティの『誕生日の子どもたち』を訳して、ルイス・キャロルやエリカ・ジョングの訳で知られた英文学科の教員、柳瀬尚紀のもとに押しかけたのだ。「弟子はとらない。君、ジョイスは読んだのか」と柳瀬はにべもなかった。鴻巣は辞書にしがみついて二ヵ月でジェイムズ・ジョイスの『若い芸術家の肖像』を読み、柳瀬に「弟子はとらないが、運転手なら」と言わせた。以降、文字通り師匠の運転手となった弟子はその背中を見て翻訳を学ぶことになる。

「翻訳家になろうと決めてから人生観から人間関係の築き方、生活習慣まで何もかも変わりました」

娘の選択に母は絶句したが、父は「会社に就職した人と同じくらいの稼ぎ」を条件に「やってみれば」と言ってくれた。お茶の水女子大の大学院に通いながら運転手をやり、雑誌のライターや広告のコピー、技術翻訳の仕事などあらゆる副業をこなして、八七年、二十三歳で翻訳家デビューした。時はバブルで出版界は活況。発注は途切れず、文芸書の依頼があればミステリーやB級ホラーなど何でも引き受け、副業なしに食べられるようになったのは三十歳過ぎだった。女性の自立が謳われながらまだ「女は結婚」という規範があった時代、それでも鴻巣には母が望む選択はなかった。「奥様の手慰みと見られるのには抵抗があり、自分が一人の表現者として立つほうが重要でした」

鴻巣の完璧主義も求める理想が高いのも、熱中体質さえも、やがてくる両親との別れに備えた自立への強い希求の表れだったのではないか。

漫画家の久住《くすみ》昌之は、鴻巣の駆け出しの頃からの飲み友だちだ。八九年に編集者やイラストレーターらと出かけたケニア旅行で出会い、誕生日が一緒だとわかって意気投合。鴻巣は、頭がよくて面倒くさい話からくだらない話までできる相手だった。ちょうどインターネットが普及するという時期、「検索は、どこまでもどこまでもいっちゃいます」と話していた。久住が振り返る。

「ITって果てしなく役に立つけど、使いこなすにはセンスがいる。鴻巣さんにはセンスがあったからITを活用して伸びていき、翻訳家の最前線に躍り出た。僕にはそう見えました。フットワークが軽く、勉強熱心ながんばり屋さんですよ」

鴻巣は久住には心を許していたのだろう。仕事の悩みもセクハラやパワハラに遭った悔しさも打ち明けているし、父のために作った料理を記録した何十冊ものレシピノートも見せている。

長女を育てながら『風と共に去りぬ』を翻訳

最初の翻訳書が出たとき、「こんな年になって生まれてくるからには余程やりたいことがあるのだろうと思ったけれど、翻訳だったとは」と暗に娘を認めた母が亡くなったのは九三年、娘が三十歳のときだった。五年後、父は娘のはじめてのベストセラーを待たずに逝った。大学生のときから食事作りを引き受けてきた鴻巣の介護生活は十五年に及ぶ。思えば翻訳家という自由業を選んだのも、小さな頃から言われ続けた「老後は一緒にいてほしい」という親の願いを振り払えなかったからだ。覚悟していたとはいえ、両親がいなくなると目眩《めまい》のするような拠り所のなさに襲われた。

「見渡せば地平線の向こうまで自由な世界が続いてる。ありがたくもあり、空恐ろしくもあり、転がり込んできた自由を持て余しました」

けれどその自由がいよいよ鴻巣を仕事に熱中させていく。両親を失った数年後に転機となる作品、クッツェーの『恥辱』と、アトウッドの『昏《くら》き目の暗殺者』を手がけるのだ。どちらも英語文学の最高峰といわれるブッカー賞受賞作で、当時、早川書房にいた編集者、鹿児島有里との仕事だ。鹿児島は、夜中に翻訳者と二人で『恥辱』の主人公を罵りながら過ごした時間が忘れられない。

「ダメ男の大学教授の話なんですよ。毎日むしりとるように原稿をもらう自転車操業でしたが、鴻巣さんは言葉も文学も何でも驚くほどよく知っていた。この本は発売直後から反響がありました」

そこから鴻巣はエンタメ路線から純文学へ、「世界文学」へとはっきりと軸足を移していくのである。前後して新潮社からは、いつか訳したいと夢見た『嵐が丘』の新訳の声がかかっていた。

出版社にとって新訳を出すことは大きな決断である。ましてやさまざまな訳があり、研究書があり、膨大な読者がいる大古典。新訳が次々出版される今とは違い、世紀をまたいだ当時は学者でもない翻訳者が新訳するなど考えられなかった。過呼吸になるほどのプレッシャーのなかで「これで自分の子どもは産めない」と覚悟した鴻巣だが、出会いが待っていた。〇一年、三十八歳で趣味のワインの会で知り合った三歳下の男性と結婚。『嵐が丘』を訳し終えた〇三年に、四十歳で長女を出産した。初の古典新訳は「イメージと違う」と批判もされたが、この仕事をきっかけに思いもしなかった書評の依頼が殺到するようになる。

「それまでは食べていくために自分の文学観と違う作品もやっていましたが、四十歳からは進んでやりたい仕事だけをやっています」

五年をかけて『風と共に去りぬ』の新訳全五巻を完成させたのは、子育ての怱忙《そうぼう》期だ。無数に悩みながらのめり込むように訳していく翻訳者の新訳は、新潮社の編集者、菊池亮によれば「より愛されるスカーレットというキャラクターを言葉で作っていった」ものだ。訳者自身は、作品の人間関係の要は恋愛ではなく、作者の母娘関係が反映された「スカーレットとメラニー」にあると解説する。今日的な視点から原作世界を精読した鴻巣訳には、現代の風がビュンビュン吹いている。

勉強会や編集者の紹介
翻訳家の育成に力を注ぐ

翻訳や書評と並んで、四十代半ばから鴻巣が力を注いできたのが教育の仕事である。今年は中止になったものの毎年全国の高校を回って翻訳のワークショップを開き、大学で講義し、翻訳者志望の女性たちのグループを率いる。取材中、彼女が最も熱く語ったのも弟子たちの話だった。

弟子の一人に、昨年、ポルトガル文学の『ガルヴェイアスの犬』で「日本翻訳大賞」を受賞した木下眞穂がいる。受賞作が世に出たのは、試訳と企画を読んだ鴻巣が新潮クレスト・ブックスの編集者を紹介してくれたからだ。海外文学ファンには特別な響きがあるクレストの名に尻込みする木下に、「高いところから攻めるのよ!」とハッパをかけた師匠は弟子の受賞を泣いて喜び、「これからあなたはただの翻訳家ではない。意識を高く持つように」と言葉を贈った。

木下が、憧れの師を語る。

「いつももっと本を読みなさいと言われます。ありがたくって足を向けて寝られません」

鴻巣が翻訳家の育成に情熱を傾けるのは、自分が翻訳家になりたかったからだ。弟子たちが編集者を前にもじもじしている姿を見ると、かつての自分が二重写しに見える。しかも、自分がデビューした八〇年代と違って出版不況は深刻で、翻訳一本で食べていくのは難しい時代なのだ。

翻訳演習に通う生徒の訳文は添削して返し、本気で翻訳家を目指す人は勉強会に誘う。下訳はさせず、直接編集者に紹介する。年に何度かは各社の編集者を招いて懇親会を開く。個別に推薦状を書き、電話でプッシュする。松永美穂も、鴻巣から「ドイツ語の文芸翻訳を目指している生徒がいるのでデビューできるように一緒に考えてほしい」と丁寧なメールをもらい、生徒思いに感心した一人だ。

四月に出た『ウェブスター辞書あるいは英語をめぐる冒険』は、木下ら五人の弟子と一緒に訳した初の共訳である。この優秀な女性翻訳者の集まりに何度か参加して会合を楽しみ、共訳が決まる過程も目にした中島京子は言う。

「鴻巣さんはグループのトップとしてのあり方が男性とは違う。平場のグループで、さばさばとした気持ちのいい関係を作っているんです」

セクハラ、パワハラが横行した時代を、目指すものを掲げて生きてきたのだ。女性の道が拓ける一助になればと願い、ことあるごとに「批評を書く女性は少ないから頑張ってください」と、女性批評家にも熱いシスターフッドを向ける。鴻巣の心強い後押しに励まされる後進は少なくない。

さて、エンディングは翻訳家の最も身近な「シスター」の話で締めよう。英才教育をしたわけでもないのに彼女の娘は母と同じように早くに将来を決め、十五歳で「翻訳ではできないことがある。英語で表現したい」と海外へ飛び立った。

「ある意味、私のレゾンデートルの否定です。二つの言語の狭間で一生どっちつかずで暮らす私への強烈なノー。ああ自分も母と同じことされているなと思う」

そう言いながら嬉しげな鴻巣は、目下、秋の出版に向けて世界中の翻訳家が取り組むアトウッドの新作を全身全霊で訳している。最後のメールには、「アトウッドにインタビューするのでドキドキしています」とあった。

「アエラ」二〇二〇年七月十三日号掲載

社会学者　**上野千鶴子**

自分のためのフェミニズム

撮影　松本路子

十月初旬の新宿・紀伊國屋ホール。この日、上野千鶴子は二世代下のフェミニスト、北原みのりを相方にして最初からぶっ飛ばしていた。

「お帰りなさい！　上野さん。久々にフェミニズムの本を読んで、溜飲《りゅういん》が下がりました」

「最近の上野は癒やし系ですからね。せっかくいい人になっていたのにこんな本書いてしまって、また評判が悪くなります」

「女嫌いニッポン！」と題したトークイベントは、上野の近著『女ぎらい――ニッポンのミソジニー』の刊行を記念して開かれたものだ。

「男が男になるために、女でないことを証明する。それがミソジニー。男にとっては女性嫌悪となり、女にとっては自己嫌悪となるんです」

トークは男社会のミソジニーを巡って進められたが、そこは下ネタも持ちネタとする二人。演劇の老舗舞台に「おまんこ」という言葉が打ち上げ花火のように炸裂し、春画の意味が紐解かれて、セクシュアリティの話にまで及ぶ。「お友だちにヘテヘテ（ヘテロセクシュアル）のちづちゃんと呼ばれてるの」と上野が打ち明ければ、北原が「ほら、そんなこと言えば、またヘテヘテと言われちゃいますよ」と突っ込む。サービス満点の掛け合いに、会場を埋めた三百四十名が沸いた。

上野は終始上機嫌で、最後に男性客が的外れな質問をしたときも笑顔を消すことはなかった。その昔、さる自治体の講演会で、先に壇上に上がった主催者代表の男の挨拶を、マイクを握った瞬間めった斬りにした上野とはまるで別人だった。

だが、上野はやっぱり上野。それから一ヵ月後、歴史家の加藤陽子の著作『それでも、日本人は「戦争」を選んだ』を主題にしたセミナーで、鶯色《うぐいすいろ》のヴィヴィアン・タムを着た上野は、加藤と映画監督の森達也を相手に戦闘モード全開だった。

「今日の集まりは何のため。何か足りません。お二人の話には女性が一人も出てきません。戦争語るのにジェンダー抜きにはありえないでしょう」

いつの間にやらトークの主導権を握った上野に「先生と呼ばないで」と釘を刺された加藤は、何度も「上野先生」と口にしては、そのたびに「抑圧があるんですね」と苦笑した。繰り返し「森さんにしては乱暴で単純な見方」と攻められた森は、とうとう「こわ〜」と小さく呟き、頭をかいた。

客席で拍手を送っていた医師の村崎芙蓉子《ふよこ》は、上野をつる女《じょ》と呼ぶ。

「つる女はちっちゃいのに、半径五メートル以内は彼女の戦闘フェロモンに薙《な》ぎ倒される。でも、有り難いことにはこちらの戦闘フェロモンの分泌も盛んになります。これは脳のセロトニンとドーパミンの活性化の刺激にもなり、老いの身には何よりです」

なぜ女たちが上野に惹かれるのか、その答えは村崎の言葉に象徴されるだろう。『おひとりさまの老後』で「これで安心して死ねるから」と説いた親切な先生しか知らない全国七十五万人の読者の方々、優しい語り口に騙されてはいけません。「上野さんが老いに行っちゃった」と嘆くファンのみなさん、ご安心ください。上野千鶴子は変わらず、あの悪名高きフェミニストであります。

「私のアイデンティティの一番目が個人であることだとしたら、フェミニストであることはその次にくる。散々フェミ捨ててどこかへ行っちゃったと言われたから、今度の本でそうじゃない証拠が出せてよかった。書きながら、自分の怒りがこんなにフレッシュかと実感したよ」

母との葛藤
孤独な少女時代

フェミニストで、社会学者にして東大教授。別名「日本一ケンカの強い学者」。そんなわけで、世間の上野に対する最大公約数のイメージは「怖い」と「頭がいい」。普通なら五分で書く企画書を上野に宛てる場合二時間かかったなんて編集者は、ごまんといる。怖い＝畏怖。では本当に怖いのか。はい、怖いです。人懐っこい優しさのすぐ後で冷笑を浴びた人、ほっぺたを張られた人は数知れず。

編集者時代に評論家への道を拓いてくれた上野に私淑する、明治大学准教授・藤本由香里は言う。

「怖くて優しい人。こちらがどれくらいちゃんとやっているかを鋭く見抜く。少しでも甘いところがあると厳しく、力を尽くしたときには的確にほめてくれます」

上野ゼミに潜り込んだ体験記『東大で上野千鶴子にケンカを学ぶ』を書いたタレントの遙洋子は「私、アホや」と落ち込んでいるとき、上野に「あなたは賢い。ただ教養がないだけ」と慰められた。トラブルを回避しようと自分を曲げたときには、「失望しました」と容赦なかった。

「地雷踏むと額に血管浮かべて怒りはるの。お花のついたつば広帽子被ってはったりするから、メルヘン台無しやわと微笑ましいんだけど」

『おひとりさまの老後』の編集者、弘由美子はフェミ業界とは無縁で、上野への恐怖心ゼロという珍しい編集者だ。だから、プロモーションのためにテレビ嫌いの教授にフルメイクを施し『徹子の部屋』に出演させるなんて芸当もできたのだが、収録が終わった深夜、上野から電話が入った。

「パンダみたいになってどうしたらいいの」

マスカラ初体験の上野は、そのとり方を知らなかったのだ。

「デパ地下に案内すると、目を輝かせてオリーブを五百グラムも買って。止めるのが大変でした」

弘がその本性を垣間見たのは、上野が運転するＢＭＷのオープンカーの助手席に乗ったときだ。トラックが走っていると「前にデカいのがいるとイライラする」と、必ず追い越しをかけた。

そう、これが上野だ。反射的に立ち塞がるものに向かっていく反逆の心、配慮はあっても遠慮のない「女らしくない」もの言い。無論、それらは生い立ちと無関係ではない。

戦後のベビーブーマーど真ん中、一九四八年、富山に生まれる。開業医の父、専業主婦の母、兄、弟、祖母の六人家族。家長の父に溺愛されわがまま放題に育った環境は、当人曰く「フェミニストになるのにはもってこいの環境だった」。

「つまり日本の娘が一番に当然教えられるべき躾、我慢するということを教わらなかった。その代わりたくさんの授業料を払いましたよ。そこら中で頭打ってますから」

嫁姑がいがみ合い、両親は不仲で、母は「お前たちさえいなかったら離婚するのに」と子どもに向かって愚痴をこぼした。兄弟には医学の道しか許さない父が、娘にそれを強いることはなかった。なぜなのかと、小さな上野は考えた。社会学者に必要な観察眼はすでに芽生えていた。

「目の前で両親を見て、私の運命は父のようになることではなくて母のようになることだとわかるじゃない。母はカウンターモデルでした」

上野にとって父は「ポジティブにもネガティブにも最も影響を受けた」アンビバレントな存在であるが、母への思いはさらに複雑だ。母は、娘に「私が離婚したらあなたはパパについていくのね」と言った。長じて進学や恋愛など人生の転機で重大な選択をしなければならなかったとき、サポートをしてくれなかった。

「私が子どもを持たなかった理由のひとつは、母と私の関係を再生産すると思ったら耐えられないから。私とよく似た娘がいたら、もう本当に肺腑《はいふ》をえぐられますからね」

父が選んだ、「お嫁にもらうなら」と言われた旧制第一高女を前身とする金沢の二水高校に入る頃には、「女であることを受け入れるのがものすごく辛い」ミソジニーを抱えた不機嫌な少女ができあがっていた。成績は常にトップ、さんざめく女子生徒の群れには入れず、新聞部の活動に明け暮れて、書物に耽溺した。孤独が友だちだった。

「現実が楽しくないから書物に逃避すると、そこには人生や結婚や愛情や友情やありとあらゆるものに対する幻滅や失望が書かれていて、世の中こんなものかって醒めてしまう。そんな少年少女の一人だったわけ」

自転車に乗ることも「危ない」と父に禁じられた少女は、将来の夢など真剣に考えることはなかった。高三で理系クラスを選んだのも、進学に際して男女別学となるときにそのクラスだけが男女共学だったため、つまりは女からの逃避だった。

「女の世界にすごく恐怖があった。もうひとつの理由は目の前に金沢大学医学部があって、選択肢は残しておこうと数Ⅲまでやってたの。でも、十八歳の私は食いっぱぐれのない人生はつまらんもんやなあと思って、考古学者になろうと考えたんだ。世間の役に立たないことをしたかった」

学生運動という〝負け戦〟で学んだこと

家庭がフェミニスト上野を発芽させた場所だとしたら、発酵させたのは大学である。ベトナム反戦を旗印に世界でスチューデントパワーの火の手が上がっていた六七年、京都大学文学部入学。その年の十月八日、第一次羽田闘争が起こった。佐藤首相のベトナム訪問阻止を叫んだ全学連の学生と警官が羽田周辺で激突し、京大の同期生・山崎博昭が死亡した。保守的な町と親から解放されて自由を謳歌《おうか》していた上野は追悼デモに参加し、これをきっかけに全国で激しく燃え上がった学園闘争の渦に突っ込んでいく。

「おかげで出来のいい子から脱皮できた。学生運動の理想主義のなかには直接民主主義があったのよ。三つ子の魂で、私は支持政党ゼロなの。すべての政党より私がもっと過激だから。そんなある種の政治的な理想主義は、この年だって持ってるよ」

当時の運動仲間によれば、十人に満たない京大女子の活動家のなかで上野はひときわ頭の回転が速く、会議でも臆することなく異議を唱えて男子学生をタジタジとさせていたという。勉強家でもあった。京都には今も、上野のオルグに失敗した、上野を口説いて断られたと言う男たちがいる。自身はこの時代を検証する本を編み、「あれがなかったらこうはなっていない」と言いながら多くを語りたがらない。

全共闘運動は女性差別を内包していた。自由平等を謳いあげる男たちが女子学生を二流市民扱いし、セクトによっては性欲処理の対象としてしか見なさなかった。

「世界的にもリブの担い手が元新左翼活動家、同志に裏切られた女であったというのは当然だよね。でも、その頃はまだリブも生まれていなくて、必死に森崎和江を読んでいた」

六九年一月安田講堂陥落、その半年後、京大のバリケードは機動隊によって解除された。上野はそれから一年間大学に行かなかった。

「着地のない運動になってしまった。負け戦のときに人間の持っている質や信頼性が一番よく表れるんだよ」

ラディカルだった闘士が指導教授を仲人に結婚式を挙げる。その一方で就職や昇進をふいにした者や、大学に見切りをつけて去っていった者がいた。才能や能力ある者がそれに相応しい場所を与えられるとは限らない。七二年には連合赤軍事件が発覚、リブの古典的名著『いのちの女たちへ』を書いた田中美津が、リブ新宿センターを立ち上げていた。

「連帯を求めて孤立を恐れずという言葉があるけれど、やっぱり、集団になってしまうときの恐ろしさというのがあって……。私が運動のなかで学んだことは、一人になることだった。だからリブやフェミニズムの運動が始まったとき、手をつなごうなんて思わなかった」

「男と権力は使いよう。使ったもの勝ち」

大学院生という先の見えない暗澹《あんたん》たる時間を男と付き合うことだけに費やしていた

上野に光を与えたのは、あれほど恐れていた女だった。「国連婦人の十年」が始まった翌年の七七年、誘われて女性学の集まりにおずおずと顔を出したのだ。そこには自分と同じように孤立感や疎外感に悩む女たちがいた。誰もが魅力的で知的で、優しく、寛大だった。生まれてはじめて女子文化に浸った。一緒にショッピングして、喫茶店でケーキを食べる。同じ女だから許し合える関係は、これまで経験したことのない寛《くつろ》ぎと安らぎをくれた。

「女が信じるに足る生き物だってことを学んで、一人であることの辛さから抜け出せたよね。あのときの女たちには感謝してもしきれない」

少女の頃からの怒りや葛藤は、女性学というフィルターを通すと、自分だけの問題ではなく構造的な問題として立ち上がってきた。上野は、自分自身を研究対象にすることでミソジニーから解き放たれてゆく。

「嫌悪していた自分の女性性と折り合いをつける時期に、日本に上陸したばかりの女性学と出合った。自分がらくになるためにやったんだよ」

三十歳で、二十三通目の公募書類が通り、平安女学院短期大学の専任講師として就職した。フェミニズムを「生き延びるための思想」と呼ぶ上野は、教師になって学生に何を伝えてきたのか。

「基本は、自分を大事にしなさいということ」

フェミニスト上野は最初から攻撃的で、戦略的だった。松田聖子と林真理子が時代のアイコンになるなかで、フェミ陣営の拡大を図り、女のネットワークを「女縁」と名付け、「主婦論争」を仕掛け、「アグネス論争」が起こるや誘われもしないのに参戦。『女遊び』『スカートの下の劇場』とタイトルをエンタメ化した本を発表し、女だけではなく、男たちをも次々手玉にとっていく。

「名誉を求めず、欲もない人を何で動かすのか。実際に動くときは、運動経験が大きかった。能力は、みんなでOJTで身につけていったんだよ」

心理学者・小倉千加子の出世作『セックス神話解体新書』は、大阪府立婦人会館で小倉の講演を聴いた上野が、世に送り出したものだ。小倉の証言。

「保守的な短大という組織のなかで目茶苦茶面白い授業をし、街に立ってビラを配り、地方の公民館に啓発に行く。売名行為なんて気持ちは微塵《みじん》もなく、あんな小さな身体で、世の中のために一所懸命動く。上野さんは、群衆のなかに入っていく生きた学問を実践するモデルでした」

専業主婦だった向田貞子と山田芳子は、上野に誘われて「女縁社会」の調査に加わり、これをきっかけに仲間と五十歳を過ぎて会社を作った。

上野は、調査方法から文章のまとめ方まで指導しながら、「香典の書き方教えて」「ふりかけないとご飯食べられないの」と先輩女性に甘えた。

「自分の持っているネットワークで女の人を引っ張り上げていくのがあの人のやり方。〃一生に一度のお願い〃を何度もきいてもらいました」

上野の後押しを得て女性情報総合サイト「ウィメンズアクションネットワーク」を主宰する中西豊子は、三十年以上、上野の身近にいる。

「あの当時、女性学をやっていますという優秀な人はいっぱいいたけれど上野さんは別格でした。プロデュース能力、マネジメント能力もあった。人の面倒みはるのも、面倒みさせるのも上手。何でもできはるし、何でもわかってしまいはる。それは幸せか不幸か」

「男と権力は使いよう。使ったもの勝ち」と言って憚《はばか》らない上野のやり方はさまざまな場所で顰蹙《ひんしゅく》と反発を買い、ときには「利用主義」「商業主義」と身内からも批判を浴びた。自身、そのことはわかっている。

「私は策士だよね。本当はリーダーより参謀格。そこがあの人の嫌なところと言われてるんだよね。私の生涯の悔いは、なのに自分が板の上に乗っちゃったこと。うちの業界は役者不足だった。もっと売り込める人がいたら売り込んでたよ」

『女遊び』を編集した星野智恵子は、同時代人として上野を見てきた。

「頭がよくてもお嬢様のまんま。誤解されやすい口のきき方するから感情的な軋轢《あつれき》を生み、仲間からも大々的な批判を展開されたりする。でも、前から後ろから飛んでくる石礫《いしつぶて》にゴンゴンあたりながら怯《ひる》まない。立派です」

深夜の研究室で黙々と書き続ける推薦状

上野の父は晩年、愛してやまない娘に「女が仕事をするのも悪くないな」と声をかけたという。これまでに出した本は単著で三十冊、共著や編著を含めると百二十冊を超える。その中には、『近代家族の成立と終焉』『家父長制と資本制』など本業での成果も多い。「女」「介護」「老い」など上野の研究テーマは広いが、すべて「私が当事者だから」だ。

そんな上野の日常は、六十二歳になっても超がつくほど多忙だ。大学で教え、講演をして、原稿を書き、社交の時間を持つ。取材場所には疲弊しきったボロボロの顔でやって来て、重たいバッグの中から山のような付箋が貼られた資料を取り出すのが常である。夕食の集まりの後、十一時になっても「仕事が残っている」と研究室に戻って行くことも珍しくない。

「優等生だから。単に生活習慣」と醒めた言い方をするのは上野のいつものポーズだが、本音はこちら。

「イチローと同じよ。ホームラン打たなくたって打率は確保したいじゃない」

では、深夜の研究室で黙々と何をしているかといえば、山のような推薦文や推薦状書き。人に「なぜあんな人を推薦するのか」と非難されても、頼まれれば断らない。

「東大教授というのは付加価値の大きなポジション。私はさる方に拾われてここに来たんだけれど、これは私の私有物ではなく公共財だから、使える資源はどうぞご自由に使ってくださいという気持ちがあるの」

ベストセラー作家の東大教授は、女であっても強者である。だが、元京大全共闘、あの敗北の体験を芯に抱える上野は、誇りにかけても権力を一人占めしない。自分の手に入れたものを使って女たちに手を貸し、人を育ててきた。カウンセラーの信田《のぶた》さよ子は、上野ゼミを聴講したとき、学生への指導ぶりに「こうして人を育てるのか」と感激したという。自身もはじめての雑誌に寄稿するときに、上野から文章の書き方を懇切丁寧に教わった。

「上野さんを見ていると、役割は自分で作るものじゃなく、付与されるものだと思う。先頭を走ってきた人の宿命で、敵もたくさんいる。いつも、やるしかないでしょと言ってるけれど、なかなかああはできません」

毀誉褒貶《きよほうへん》が雨霰《あめあられ》のごとく降りかかるなか、身長一五〇センチの身体で日本のフェミニズムを牽引してきた。

「自分のやってきたことを肩身が狭いとか、恥ずかしいとか思ったことはただの一度もない。やり残したこともない。ただ、不全感は山のようにあるよ。ネタを熟成させる時間がなくて、早産で産み落とした本がたくさんありますからね。もちろん、フェミニストの看板はこれからも下ろしません。それは主義主張というよりも、自分の思想を作るのは他人の言葉だから。フェミニズムを作ってきた女たちの言葉が私の思想を支えている。だから、私は彼女たちに借りがある。借りがあるから返さなきゃいけないと思っているのよ」

いつだってフェミニズムへの逆風は吹きやまない。つる女の女たちへの恩返しはいつまでも続くのである。

「婦人公論」二〇一〇年十二月二十二日号、二〇一一年一月七日号掲載

漫画家

山岸凉子

すべては漫画のために

撮影　品川裕美

九月の終わり、山岸涼子《やまぎしりょうこ》は、東京・本郷の弥生美術館で二日後に迫った初の原画展「山岸涼子展　光―てらす―」のチェックに追われていた。

「これじゃあ見る甲斐がない。どう塗ってあるかが見たいと思うから」

四十七歳で再開したバレエで鍛えた姿勢の良さが際立つ山岸は、照明の暗さを気にしていた。

五十年近い漫画家生活で生んだ膨大な作品の中から選りすぐった原画が二百点、展示される。デビューから数年で飛躍的に画力が向上しており、日本画のように美しい作品群は圧巻である。少女漫画においては、細長い顔も、スタイリッシュな身体も、下まつ毛も、細い線も山岸によってはじめて描かれたものだ。『ドリーム』の扉絵の前では、「テレビで百恵ちゃんを見てたら、まぶたがキラッと光る。アイシャドウにハイライトを入れていたんです。それをやりたかった」と説明した。

原画展には、初日から大勢の観客が訪れた。一人でやってくる四十代、五十代の女性が中心だが、母娘連れも多く、男性も目立つ。二階の階段踊り場には、『日出処《ひいづるところ》の天子』の厩戸王子のほぼ等身大のパネルが置かれていて、「夢のよう」と高揚しながら王子とのツーショットをスマホに収める人が絶えない。「死ぬまでに山岸先生の原画が見られてよかった」と会場窓口で告げる人もいる。

エージェントを務める横里隆は、山岸が原画展の開催依頼を受けたことに驚いた。カラー原稿にパワーを傾ける作家は作品の扱いに慎重だったし、作品がすべてと取材や展覧会を極力避けてきた。横里は「めちゃくちゃ大変ですよ」と念を押したが、山岸の決意は変わらなかった。

「今まで色原画は門外不出だったけど、今は見てほしい気持ちになったんです」

母に叱られてばかりの長女
里中満智子を知り漫画家へ

一九七〇年代前半、少女漫画界に革命が起きた。従来の枠を超えて自分の描きたいものを表現する「花の二十四年組」と呼ばれる漫画家たちが輩出し、漫画界の最高峰とも言える作品群を生み出した。山岸もその一人だ。

「漫画は私そのもの。自分が何者であるのかを知りたくて、描いてきました」

一九四七年九月、北海道の上砂川町に生まれ、函館、小樽、札幌と、二十一歳まで北海道で育つ。まだ涼しい時期に生まれて「涼子」と名付けられたが、役場の手違いで「さんずい」が「にすい」になった。

「生まれながらのミステイクなの」

父は三井鉱山に勤める営業マンであった。萩尾望都《もと》の父も九州で同じ三井鉱山に勤めていたが、当時衰退気味とはいえ、日本経済の中心産業を担うホワイトカラーから二人の天才少女漫画家が生まれたことになる。

山岸の幼い頃の家庭は、『サザエさん』の磯野家そのままだ。仕事から戻ると着物に着替える父、倫理観の強い専業主婦の母は礼儀作法に厳しく、両親ともに教育熱心だった。そんな家庭のなかで、二つ上の優等生の兄と、母が理想とする二つ下の妹の間に育って、山岸は自分ができそこないだと思っていた。落ち着きがなく、関心があることしか目に入らない長女を、母は口癖のように「それではお嫁に行けない」と叱った。

兄の英樹は、山岸が約束を守らなくてしょっちゅう母に叱られていたことや、温厚な父まで激怒させた場面に二度遭遇している。一度目は、父が買ったばかりの蓄音機に釘で女の子を描いたとき。二度目は、張り替えたばかりの襖《ふすま》にクレパスで、やっぱり女の子の絵を描いたときだった。英樹は振り返る。

「僕も下の妹も実務家なんですが、涼子だけは気がきかなくて、とんでもないドジをする。母が叱るのも当然だと思っていました」

共に代表作となるバレエ漫画『アラベスク』と『舞姫　テレプシコーラ』には、優秀な姉とコンプレックスだらけの妹が登場するが、妹と姉を逆転させれば、そのまま山岸と妹の関係である。姉と妹の性格を入れ替えなければ、とても描けなかった。

小さな山岸が好きだったのは、絵を描くこととお話を作ることと踊ることであった。誕生日のプレゼントは画用紙の束と決まっていた。雛祭りには、近所の子を集めてお雛様を使って物語を聞かせ、眠る前は妹に作り話を聞かせた。バレエを始めたのは、函館の小学校に入学した頃だ。家で踊っている娘を見て、母がバレエ教室に入れてくれた。小六のとき、主役のシンデレラを踊り、ローカルテレビに出て、自分で振り付けたダンスを踊った。創作が得意だったことは、『テレプシコーラ』のエピソードにも使われている。

中一になった頃、母からバレエをやめるよう言われた。経済的な理由だったが、以来、内から湧き出てくるものの行き場を失くしていた山岸が息を吹き返すのは、札幌有数の進学校、札幌旭丘高校の二年になった年の六月だった。「少女フレンド」で十六歳の里中満智子が『ピアの肖像』でデビューしたのを知り、衝撃を受けたのだ。この作品は日本全国に漫画家志望の少女を生んだが、山岸も「私も漫画家になる」と決め、周囲に宣言した。

腎臓を患い入院生活を送っていた母にもそう告げると、「なに馬鹿なことを言ってるの」ととりあってもらえなかった。が、学校では、「漫画ちゃん」というあだながついた。それから山岸は、漫画のためだけに生きてきた。

出世作となる『アラベスク』の連載第一回で、主人公ノンナ・ペトロワが言う台詞がある。「本を読むにも映画をみるにも道を歩くにもバレエに良かれとおもうことしかやってこなかった」

それは、まさしく山岸が漫画にかけた思いである。

「高校に入って一気に劣等生になってしまった。学校の中で居場所がなかったので、自己表現できる場所がほしかったんですね。漫画家になれなかったら死んだほうがいいと思っていた。お嫁に行くのとは別の選択肢がある、と嬉しかったんです」

デビューできない焦燥感
大和和紀が才能に気づく

この時期に出会った同好の士に、後にプロとなる二人の漫画家がいる。他校の生徒で家が近かった同学年の大和和紀《わき》、一学年下の忠津陽子である。二人とも山岸よりうんと絵がうまかったが、互いに絵を見せ合い、夢を語り合う仲間ができた。

高三になる春に、四年間の闘病の末、母は「涼子が心配」と言い残して逝った。兄は痩せ細り、妹が布団の中で泣き続けていても、山岸は涙も出なかった。それがなぜなのか、わかるようになるのは、漫画家になってからだ。

母の死後は、すべてをなげうって漫画に捧げた。家事を放り出して、兄に殴られたこともある。

高校卒業後、志望校に落ちて新設された美術系短大に進学、まだ黎明期の少女漫画雑誌に投稿すると最終選考まで残るものの、「少女漫画には合っていない。ＣＯＭに持って行ったら」と勧められた。創刊されたばかりのマニア向け雑誌に応募してみると、ここでも佳作止まりであった。父の口利きでOLになった頃、大和と忠津が相次ぎデビューし、二人一緒に上京してプロとして活躍し始めた。里中満智子以来、十代でデビューする漫画家が主流になっていた。山岸は十代を過ぎたらもうデビューできないと焦燥感を募らせ、誕生日が来るごとに自分を呪った。

大和は、「当時から山岸さんの作品は絵もアイデアも少女漫画から大きく逸脱して、既成のジャンルに収まらなかった」と述懐する。大和が覚えているのは、少年時代のミケランジェロを描いた習作で、ライバルと競争するときに石を盗まれた彼がバターを使って見事彫り上げるという内容だった。焦る山岸に、大和は「このまま潰れたらダメだから、何とか妥協して描けば」と助言したが、山岸は頑として首を縦に振らなかった。大和は言う。

「山岸さんの才能を最初に見つけたのは私。ある時期から、描きたいものを描き続けている彼女たち花の二十四年組を見て焦ったものです」

二度目の上京で出版社に売り込みに回ったとき、ある編集者から「このままお勤めを続けるほうがいいですよ」と言われた。茫然自失したものの、同じ階にあった「別冊りぼん」の編集部に寄ってみた。そこにいたのが、後に池田理代子の『ベルサイユのばら』を世に送り出す編集者、秋山法夫であった。秋山は、山岸の原稿を読み、「面白いと思います。もっと描いてみませんか」と言ってくれた。この出会いが山岸の運命を拓く。

翌年の正月に秋山から「描いてますか」と年賀状が届いた。山岸は、最後のチャンスだと、「死ぬほど妥協しまくって」絵も本来の大人っぽい細長い顔ではなく、流行の丸顔にし、ラブコメと並んで人気の高かったスポ根漫画を描いた。卓球選手の友情物語『レフトアンドライト』でデビューできたのは、二十一歳の五月であった。はじめて自分の作品が載った雑誌を本屋から持って帰るときの胸の高鳴りを、山岸は何年も覚えていた。

二十二歳の十月、秋山が用意した下井草のアパートで東京暮らしをスタートさせる。まだ縛りの多かった少女漫画で、山岸はレズビアンや少年愛、少女の内面、女性心理を描く嚆矢となっていく。秋山は、次々自分でテーマを出してくる漫画家は貴重な存在だったと証言する。

「おおっと思うけど、完成度が非常に高かった。山岸さんの作品は、他の作家や読者に大きな影響を与えたと思います」

　忠津陽子も、初期から自己模倣がないのが山岸の魅力だった、と断言した。

「絵もテーマも常に新しいものが出てくる。あの人の作品を見て、がっかりしたことはありません」

アンケートでいきなり一位
『アラベスク』が大人気に

　山岸自身には、ストーリーが生まれる理由はわからない。なぜその台詞が湧いてくるのかもわからない。親の支配から逃れられないまま発狂する女性を描いた名作短編『天人唐草』では、「ならば響子の女としての姿はどこにあるのだろうか」という台詞が突如現れ、驚いた。意識するとストーリーは生まれてこないのだ。

「だから評論もファンレターも読まなかった。ほめられてもけなされても作品に影響します。無意識で描いたものと、意識して描いたものとではパワーが違うんですね」

『アラベスク』は当初、編集者から歓迎されない作品であった。バレエものは古いという理由だが、今までのバレエ漫画に対してずっと違和感があった山岸は、独自の世界を描こうと考えた。ごつごつした筋肉や踊ることへ向かう気持ちを、好みの大人っぽい顔と細い線で描きたかった。この頃、萩尾望都と竹宮恵子が共同生活を送る、少女漫画革命の聖地「大泉サロン」に出入りし、触発されることも多かった。

「でも、私には革新的なものを描こうなんて、大それた気持ちはなかった。ただ、こう描きたいという思いだけでした」

三回連載でスタートし、一回目の原稿を渡した時点で、「二回で終わらせて『野菊の墓』を描いてくれ」と編集者から電話があった。失意のどん底にいると、一回目が掲載された「りぼん」が発売された。編集者からまた電話が入った。アンケートでいきなり一位だったという。

「ごめん。できるだけ長く続けて」

少女漫画ではじめて自己達成を描いた名作が誕生した。

「母からそれじゃあだめよと言われ続けてきたので、大人になれていないという焦りがずっとありました。『アラベスク』にはそれが出てますよね。私の生涯のテーマがそれだからです」

兄の英樹には、漫画家になってからの妹は別人のように映っていたが、当人は世間知の低い人間だという思いが消えないままだった。それでも、作品至上主義で、徹夜して作品を仕上げるたびに、バタッと倒れて眠るときの多幸感といったら。

『アラベスク』第二部も高く評価され、漫画家としての地位は揺るぎないものになったと思われた頃、母子関係の病理をテーマにした『スピンクス』を描くと、すべての依頼が止まった。子どもには難しすぎる、と編集者は判断したのだ。秋山が担当を離れて以来、山岸は専属という安定を捨ててフリーの立場を選んでいたので、国分寺に建築中であった家の特注のカーテンをキャンセルした。

八〇年、三十二歳のときに、大和に「あと五十年は誰も聖徳太子を描けない」と言わしめる、厩戸王子の若き日を描く歴史ロマン『日出処の天子』を「ＬａＬａ」に発表。天才で超能力者で同性愛者である美貌の王子の深い孤独と葛藤、王子と蘇我毛人の愛は、大人からも熱狂的に迎えられた。

幼い頃から山岸には、『少年ケニヤ』などのアニメや小説で男性二人が登場すると、そこに愛を感じて、妄想を膨らますという性癖があった。今でいうＢＬだが、中学で森茉莉の『恋人たちの森』を読んだとき、同じ嗜好の人がいると小躍りした。『日出処の天子』は、ある意味、作者が子どもの頃から繰り返し妄想してきたストーリーの結晶と言えるが、もうひとつ、意図しなかったところに、母との関係という大きなテーマが潜んでいた。

山岸は、自分の描く母親像が冷たく厳しいということに長く気づかないでいた。あるとき、槇村さとるからそれを指摘され、驚いた。母が結婚のなかで生きていける女性にしようとして娘を叱りつけた言葉が、自分を縛っていたことに気づいた。

四十七歳で突然スランプに『鬼』でかすかに光が見える

何事にも自信がなく、内向きで悲観論者。いくら世間から賞賛されても、個人の山岸凉子は漫画家・山岸凉子とは別人だと思ってきた。いつまでも大人になれない迷い子だと自己分析する山岸にとって、制度から外れた男同士の愛は自由の象徴なのだろう。それは、BL好きの少女たちの心象風景ではないか。

「絶対人がやっていないものを描く」という自負の強い山岸にスランプが訪れたのは、四十七歳のときだった。ある出来事があって、これまで創作の源泉であった男同士の愛が頭の中からきれいさっぱり消えてしまったのだ。美しい男の顔が描けなくなった。

一番大事な感覚が失われるという絶望感のなかで、三年間苦しんだ。

かすかな光が見えたのは、『鬼』を描いたときだ。作品のテーマは「赦し」である。山岸はこれを描いている途中に、捻《ねじ》れていた母との関係がするすると解けていくのを感じた。

「人を許せば自分も救われる。これ、私のことだと気づいたんですね。びっくりしました。自分ではそんなに傷ついていないふりをしていたのですが、どうやら深かったらしい母との関係に答えが出たんです」

『青青《あおお》の時代』の連載終盤では、失ってしまったあの感覚に代わる新しい創作の泉を発見することができた。五十三歳になっていた。それは何かと問うと、山岸は笑って答えなかった。

『テレプシコーラ』で、手塚治虫文化賞マンガ大賞を受賞。これを描くために五度ローザンヌに取材旅行に出かけた。原稿料は資料代に費やすという時期は過ぎたものの、すべてが漫画のためにあるのは変わらない。作品には、社会派からホラー、古代ものまで広いジャンルのなかで深層心理を突き詰めたものが多い。「何を描いても自分になる」山岸がひたすら自分を探求してきた結果である。

「丸い人間になりたいと願いながら、大きく欠落した部分があるからこそ、創作できるとも思う」

現在、青年誌「モーニング」で隔月連載中の『レベレーション（啓示）』は、ジャンヌ・ダルクを描いたものだ。なぜジャンヌは神の啓示を受けたのか。自身では意識化できない広大な世界に突き動かされて、山岸涼子は作品に向かう。半世紀にわたって少女漫画界を牽引してきた作家は、今も日本の少女に光を与え続けている。

「アエラ」二〇一六年十二月十二日号掲載

あとがき

ここに収録した十二人の人物ルポは、一九九七年から二〇二〇年までの間に、「アエラ」の「現代の肖像」と、「婦人公論」の「時代を創る女たち」に掲載されたものである。この人を書きたいと手を挙げて、編集部から歓迎してもらった人ばかりだ。よくぞこれだけの女たちを取材できたものだ、と我ながら驚く。同時に、自分の趣味がはっきりと現れていてあきれる思いもする。

誰もが規範や常識や限界を叩き潰しながら、圧倒的に「自分」を生きている。人選は編集者と相談した結果だが、十二人（正確には十一人と一組なのだが）中四人が団塊の世代であるのは偶然ではない。ポスト団塊世代の私にとって、もっとも身近なロール・モデルとなるのがその世代、あるいはもう少し上の戦後世代だった。ビートルズもグループ・サウンズも、ミニスカートも、全共闘運動も、消費社会も、ウーマン・リブも、すべては先行世代の背中を見ながら追っており、関心も自ずと彼女たちに向かう。

まとめて読み直していると、頭のなかに関係図が浮かんできた。それぞれの人が、どこかでなんらかの形でつながっているのだ。実際、たとえば鴻巣友季子さんは村田沙耶香さんの作品の書評を書いている。北村道子さんは、北村明子さんがプロデュースした舞台の衣裳を担当している。黒田育世さんは、北村明子さんが離れたあとだが野田秀樹率いるＮＯＤＡ・ＭＡＰで振り付けを担ってきた。木皿泉脚本のドラマには、北村明子さんの事務所、ＳＩＳの俳優が出演している。黒田育世さんと夏木マリさんの間には、ダンサー伊藤キムさんがいる。才能は才能を呼ぶ。他にも私の知らないところで、一流の仕事師たちがそれぞれのジャンルで結びついているだろう。

また、現実には出会っていなくとも、どこかで誰かと誰かが交差していることもある。日本学生運動史に残る六七年十・八第一次羽田闘争で、京大生が死んだ。そのとき、救護対策部員として闘争の場にいたのが重信房子さんだ。同級生だった山﨑博昭さんの追悼デモに参加して、全共闘運動に突っ込んでいくのが上野千鶴子さんである。重信さんがアラブに旅立ったあとの七〇年代ニッポンに、ウーマン・リブに先導されてフェミニズムが台頭していく。北村明子さんがシングルマザーとして女性解放運動にかかわっていた時期と、上野さんが女性学の場に参加するようになった時期は重なっている。二人は、京都の女たちのコミュニティのどこかですれ違ったかもしれない。

その頃にはすでに少女漫画革命は起こっていて、山岸凉子さんの『アラベスク』によって日本ではじめての少女の自己達成物語が生まれていた。山岸さんら花の二十四年組の漫画を夢中で読んでいたのは、木皿泉さんや夏木マリさんの世代である。長与千種さんが立役者となった女子プロレス革命は、八〇年代半ばに起こっている。男たちの見世物から脱却して、少女たちを鼓舞した女子プロレス・ブームは、女の時代、フェミニズムの時代の光り輝く一幕だ。

八六年には、東京・南青山のスパイラルホールで連続トークセッション「地球は、私の仕事場」が開かれている。あの時代を代表する一〇〇人以上もの女性たちが一〇間にわたって登壇し、そのなかには上野さんや北村道子さんの名前があった。そして、この年に生まれたのが、安藤サクラさんである。

こうして十二人を並べたとき、革命という共通のカードに気づく。革命家と呼ばれる重信さんがいるのだけれど、それぞれがそれぞれの場所で革命を起こしているではないか。逸脱や疎外や石礫を恐れず自分を生きるということは、つまりは、それほど革命的な行為なのだ。男であれば「革命児」と礼賛される行動も、女の場合は「魔女」と呼ばれて恐れられ、排除されてきた歴史がある。
取材時の思い出も多い。取材から長い時間がたっている人もいるので、みなさんの
その後と合わせて簡単に記しておく。
［安藤サクラさん］
私の都合により取材に二年以上かかったが、途中から、あっというまにぐんぐん人気者になっていった。『百円の恋』へ向けてトレーニング中のサクラさんに会うため高田馬場のボクシングジムに出向くと、ジムのオーナーは「プロになれる才能と努力。女優にしておくのは惜しいね」と言ったものだ。この作品で各映画賞の主演女優賞を総なめにしたあと、出産。ヒロイン福ちゃんを演じた朝ドラ「まんぷく」の撮影現場には、子連れで出勤したという。一八年、カンヌ国際映画祭でパルム・ドールを受賞した是枝裕和監督の『万引き家族』に主演、審査委員長を務めたケイト・ブランシェットがその演技を絶賛した。

［黒田育世さん］
西巣鴨の中学校跡の舞台で「あかりのともるかがみのくず」を見て、取材をスター

トさせた。客入れのときから、ステージの真ん中で片足をもう一方の脚の膝に置いたダンサーが微動だもせず立っていた。手は胸の前で組んでいたのか、頭上に挙げていたのか記憶は定かではないが、その間、ゆうに三十分以上。やるほうもやるほうだが、やらせるほうもやらせるほうだ。終演後の帰り道、興奮が冷めやらず、編集者だった長瀬千雅さんと飛び込んだ店で延々と語り続けた。黒田さんを観ると、山岸涼子さんの『舞姫 テレプシコーラ』を読みたくなる。

取材後、黒田さんは活動を続けるなかで出産。コロナ禍で舞台芸術は危機的状況にあるが、彼女が求めるのはあくまで生の舞台だ。森山未來監督作品のドラマで永山瑛太に振り付けをし、二一年三月の舞台に向けてＢＡＴＩＫを猛烈強化中である。

［夏木マリさん］

取材時、マリさんは五十二歳だった。どんな質問でも脊髄反射の即答で、つい「リフトアップはやったんですか」などと無礼なことまで聞いてしまった。「六十歳になるまで待ってるの」「いや、その皺がいいんですよ。そのままで」と会話は続いたのだが。その後、パーカッショニストの斉藤ノヴさんと結婚し、「負け犬のカリスマ」ではなくなった。しかし、七十歳を前にした今も圧倒的にお洒落でシャープ、深い皺だってカッコよく、若い世代が憧れるロール・モデルの位置は揺るぎそうもない。インスタも、YouTubeの朗読ライブも、見れば「年はとるものだ」という気分にさせてくれる。今度会ったら、こっそり「で、やったんですか」と聞いてみよう。

［北村明子さん］

取材を申し込んでからOKが出るまで二年以上かかった。北村さんが舞台をプロデュースした「愛・地球博」の瀬戸会場まで編集者の大和久将志さんと一緒に押しかけ、ようやく「よろしくお願いします」と言ってもらえた。以降、取材はスムーズで、コム・デ・ギャルソンとワイズがトレードマークのようだった北村さんのファッションが変わったのはなぜかという疑問もとけた。留学から戻った娘さんの願いだったそうだ。こんなに強い人でも娘には弱い。

〇八年にNODA・MAPの制作から離れたが、SISがプロデュースする年間四、五本の舞台は満席が続く。その手腕が評価されて、紀伊國屋演劇賞五十回記念特別賞制作者賞、渡辺晋賞を受賞。コロナ禍の今年、緊急事態宣言を受けて、『桜の園』の全公演を中止。その上で、キャスト、スタッフに全額ギャラを支払ったことが、「あっぱれだ」と話題になった。陣頭指揮を執る舞台が二〇年九月から再開している。

［長与千種さん］

はじめて後楽園ホールでガイアの試合を観たときのことが、忘れられない。横に座った編集担当の高橋淳子さんが、最初から最後まで声を上げずにボーボーと涙を流し続けていたからだ。その涙は感動というのでは単純すぎるし、共感というだけでも収まらないものだった。ぐわぁんぐわぁんと胸の奥から切なさが吹きこぼれ、止められない。そんなふうな泣き方だった。しばらく朝日新聞社の女性記者たちとガイア詣でが続いた。

長与さんは、レスリングもうまいが語りも天才的にうまくて、「です」「ます」の長与節にかかると、物語世界が目の前に立ち上がってきた。時々、つかこうへいの舞台を観ているような気分になることもあった。取材後しばらくして、ガイアは解散。長与さんが始めたスナックにも遊びに行ったけれど、彼女はやはりレスラーなのだ。再びリングに上がる。ツイッターでは元女子プロレスラーと称しているが、後進を育てながらリングでも暴れているようだ。

［北村道子さん］

取材が叶い、鳥居坂のマンションに一歩踏み入れたときの衝撃を今でも覚えている。まるで映画のセットのようと言うとあまりにも陳腐な表現だが、その部屋が、予想どおり完全無欠に素敵だったからだ。私ならあんな完成度の高い空間では緊張して暮らせないだろうが、あの空間でなければならないところが北村さんなのだ。一九六〇年代から七〇年代、そして八〇年代までは、ファッションは自己表現であり、自己主張だった。北村さんの仕事はその最も良質な部分の表象であり、本人の佇まいも誰をも寄せつけないほど先鋭的で、クールだった。

もう四半世紀近く前に会ったきりだが、『衣裳術』を二冊上梓し、今も特別なスタイリストであり続けている。時折、大きな写真が載ったインタビューに出くわすことがあるが、その迫力とカッコよさにはくらくらする。

［重信房子さん］

夕方のニュースで重信逮捕の速報が流れたとき、書きたいと思った。親しい編集者が重信さんの主任弁護士である大谷恭子さんと懇意で、取材ルートはできた。だが、獄中の人を書くことはいろいろな意味でハードルが高かった。娘のメイさんが帰国したので、まずは「アエラ」で彼女を書いた。そのときに手紙を交わしたのが、重信さんとの最初の接触である。その後、「婦人公論」で人物ルポのページが始まることになって、そこで重信さんを書くことが決まった。団塊の世代より一世代下だが、学生時代は活動家だった三木哲男さんが編集長でなければ実現しなかった企画だと思う。編集者の山田有紀さんに励ましてもらいながら、のめり込むように取材した。

このときの思い出は書き出せばきりがない。他の取材では決して体験できないようなことが次々起こった。たとえば訪ねた人の仕事場から目につくところにパトカーが止まっている。何かあったのかと訊ねると、「ずーっと止まってるんですよ、昔から。グリコ・森永事件の犯人候補と目されてるみたいですよ」と、その人は笑っていた。公衆電話からしか連絡がこない人もいた。多くの人に取材し、「伝説の」と枕詞がつく元活動家たちの話を聞くこともできた。ことに六〇年安保のカリスマ、唐牛《かろうじ》健太郎の妻で一七年に亡くなった唐牛真喜子さんとの出会いは、大切な記憶である。

四度のガンの手術を受けても「とったらおしまい」と動じることがない重信さんは、現在、医療刑務所の独房で静謐の時間を送っている。と書きたいところだが、彼女はそんな人ではない。天性の向日性で、長きに及ぶ拘束がその生きる意欲や好奇心を折ることはなく、通信が制限されるなかで変わらず世界情勢や政治に目を配り、支援者や友人との旧交を温めている。近々に届いた手紙には、二二年五月の出所に備えて心身を保つために何をしたらいいかといった質問などが、かつてやりとりしたときよりうんと丁寧な文字で綴られていた。メイさんのことを案ずる文面もあった。やっぱり、母は娘に弱し、である。

［村田沙耶香さん］

それまでの作品も好きだったが、『コンビニ人間』のあまりの面白さに、取材を申し込んだ。安藤サクラさんや黒田育世さん、山岸涼子さんのときも同じなのだが、天才とはこういうものかと感嘆する思いで話を聞いた。そして、作家というのは幼い頃から読んで、書いているということも改めて思い知らされた。田辺聖子さんにしろ、山田詠美さんにしろ、私が書いた作家たちは少女の頃から自分という世界のなかで物語を紡いできた。

『コンビニ人間』は世界で翻訳されて、村田さんのSNSからは、世界中からシンポジウムへの招待が届く様子が伝わってくる。昨年、『地球星人』が「TIME」や「ニューヨーク・タイムス」の選ぶ二〇年の百冊に選ばれ、「すばる」十一月号から新連載「世界99」がスタートした。セカイのムラタサヤカへまっしぐらだ。

［鴻巣友季子さん］

書評欄を読んでなんて的確な日本語なんだろうと思ってみてみると、決まってこの人の名前に出くわすことになる。屹立した文章に惹かれた。鴻巣も、友季子も、美しく印象的で、駅から自宅へ歩く道すがら、「鴻巣」の表札がかかったコンクリートの家を見つけたときは、わぁ、ここに住んでいるのかと家の前を行ったり来たりした。

池袋の劇場のそばではじめて会ったのは、一九年の暮れだった。しぶる鴻巣さんを説き伏せる形で取材がスタートしたものの、コロナ禍に。対面取材は、最初の打ち合わせをのぞいて一度だけで、あとはリモートでのインタビューとなった。リモートでは細かなニュアンスが伝わらなくて、質問するタイミングも難しいものだが、鴻巣さんの場合は一度対面取材をやっていたのと、彼女の言葉が明晰であったことが助けになった。あのときの仕事、マーガレット・アトウッドの『誓願』には鴻巣訳の本領が随所に発揮されており、多くの人を夢中にさせている。蛇足ながら、私の見つけた鴻巣家は、鴻巣友季子さんの家ではなかった。

［木皿泉さん］

『すいか』は、初回を見た瞬間から夢中になった。翌日は日曜日、いつものメンバーで後楽園ホールでガイアの試合を観に行った。観戦の帰りには近くの居酒屋で打ち上げをするのがルーチンのようになっていたのだが、そのときの私は気がつけば『すいか』のことを夢中で話していた。「アエラ」の編集長代理だった矢部万紀子さんもドラマを見ていて、「それ、しゃべりましょう」となり、次の号に『すいか』の記事が載ることになった。それから数年後、小林聡美さんの取材をしたときに、マネージャーがこの記事の話をして、「木皿泉というのは妻鹿年季子ですよ」と教えてくれたのだ。えーっ、知らなかった。私が知っているのは、九八年暮れに大阪で開かれたさるフェミニストの出版パーティー会場で出会った妻鹿さんだったから。ちょうど彼女が『ぼくのスカート』で賞をとった頃だ。

木皿泉さんの取材は、何年かかったろうか。スタート時の木皿さんは湊川に住んでいて、和泉務さんが脳出血で倒れてまだそれほどたっていなかったため、撮影だけすませて帰るつもりだった。が、「行っといで」という和泉さんの声に送られて取材陣一同、妻鹿さんと共に中華料理を食べに行ったのだった。

取材はもっぱら新居のマンションで行った。そこは屈指の居心地のよさで、撮影にまつわるいろんなエピソードも聞けた。たとえば、『すいか』の初回には浅丘ルリ子扮する教授が女子学生を厳しく叱るシーンがある。このときの台詞は、妻鹿さんが本屋で遙洋子さん著の『東大で上野千鶴子にケンカを学ぶ』を立ち読みして、そこに書かれた上野さんの言葉を「パクッた」もの。「知り合いでしたよね。遙さんに、すみませんでしたと謝っておいてください」と伝言を頼まれた。

取材後の木皿泉は、一気にメジャーになった感がある。二人を追ったNHKのドキュメンタリーが放送され、小説が次々発表されている。もちろん、ドラマも。木皿ファンというのは熱狂的で、みな、マニアになっていくのだ。コロナ禍で再放送された『野ブタ。をプロデュース』は大きな話題となり、ブルーレイも発売された。紀伊國屋書店の「scripta」に連載中の小説「僕ノ庭ノ空」は、私の愛する木皿ドラマの二次創作。双葉社の「小説推理」でも小説「ハコ」を連載中だ。記事を単行本に収録したときに、妻鹿さんはクスクス笑って言ったものだ。「女のなかにトムちゃん一人だけ男。いわば私たちは紅白歌合戦に出たチェリッシュとかドリカムのようなものですね」。そうです、そうです、今回もそうです。

［上野千鶴子さん］

インタビューは一期一会、最初の取材をなかなか乗り越えられないというのが本音である。なのに、上野さんを何度も何度も取材しているのはどうしてなのだろう。はじめての取材は、大阪のミニコミ誌で連載していたフェミニストの女性学者への連続インタビュー「女学者丁々発止！」のときで、妻鹿さんと出会ったのと同じ時期だったと思う。このときは、上野さんの勤務先であった京都の精華大学のキャンパスに出向いたが、当時、筑摩書房の編集者だった藤本由香里さんもいて、取材に同席した。ちなみに、妻鹿さんが台詞を拝借した遙さんの本は藤本さんが編集した。そして、私は上野さんからハイエナのようなライターと呼ばれ、藤本さんはハイエナのような編集者と呼ばれた。

それからさまざまなテーマでインタビューしてきたが、人物ルポとして書いたのがここに収めたものである。すでに「アエラ」では他の執筆者が書いていたので、「婦人公論」という場ができて飛びついた。ルポではないが、昨年は子育て雑誌でロングインタビューした。自分で言うのはなんだが、これが大層面白い内容だった。たとえば子どもの頃の偏食ぶりや、京大の入学式に両親がついてきたエピソードなど、これまで聞いたことのない話が聞けた。最後に「親とはどんな存在か」と問うて、返ってきた答えが「はた迷惑。子どもは親を選べないから、親の役割はできるだけはた迷惑を減らすこと」だった。

一九年度の東大入学式の祝辞で「あなたたちの頑張りを、どうぞ自分たちが勝ち抜くためだけに使わないでください」と述べて、話題になったのが第三次上野ブームと言われている。現在、「小説幻冬」で鈴木鈴美さんとの往復書簡を連載中。

［山岸凉子さん］

「現代の肖像」は、文と写真で構成されるのが定型である。顔写真がNGという人は取材ができない。さくらももこさんも、この条件がネックとなって取材できなかった。漫画家には写真NGの人が多い。山岸さんもその一人だったのだが、『日出処の天子』をこよなく愛し、どうしても山岸さんを書きたいという私の願いを、編集者の大川恵実さんが「顔写真なしでいきましょう」と上司と相談して、叶えてくれた。ちょうどこの文庫の編集者である幻冬舎の羽賀千恵さんと知り合った頃で、彼女に山岸さんのエージェントである横里隆さんを紹介してもらうことができた。それでも原画展が開催される時期でなかったら取材できたかどうかはわからない。幸運が続いた。

インタビューはもちろんだが、仕事場、執筆現場を見ることができて舞い上がった。

「現代の肖像」の扉写真に代わるものとして、山岸さんに自画像を描いてもらった。ファンにはおなじみの絵だが、目の前でご本人の手でその絵が描かれるのを見るのはまた別格だった。原画を欲しいと思ったが、それを口にするのは我慢した。こうして書いた原稿は、いずれの人のときと同じで、山岸さんへのラブレターのようなものである。だが、そのラブレターは、しばらく「怖くて」読まれることはなかったようだ。二〇一六年の年も終わろうという頃、掲載誌発売の二十日後に山岸さんから届いた速達を、今も仕事部屋の本棚に飾っている。取材時に連載中であった『レベレーション（啓示）』は二〇二〇年秋に最終回を迎え、十二月に最終巻が発売された。

取材対象となるのを引き受けてくださった十二人のみなさま、ほんとうにありがとうございました。すべての方のお名前をあげることはできませんでしたが、取材に伴走してくださった編集者とカメラマンのみなさんにも、心よりお礼申し上げます。文庫にするにあたっては、紀伊國屋書店の有馬由起子さん、「アエラ」編集部、「婦人公論」編集部に大変お世話になりました。解説は、藤本由香里さんに超多忙のなか引き受けていただいた。そのありがたすぎる内容ともども、感謝します。装丁は、『森瑤子の帽子』に続いて緒方修一さん。故まえの・まりさんのイラストを使ったカバーは、十二人の登場人物に相応しく、美しく力強いものとなりました。ありがとうございました。そして羽賀さん、またもタッグを組めたこと、喜んでいます。心からの「ありがとう」を。

島﨑今日子

二〇二〇年師走

解　説――一刀彫の肖像

藤本由香里

たしか知り合ったばかりの頃だと思うが、島﨑今日子さんによるインタビュー場面に居合わせる機会があった。その時に思ったのは、「なんてインタビューの上手い人なんだろう！　この人のようなインタビューができるようになりたい！」。

私自身、少女マンガ家さんのインタビューなどをさせていただく機会は多く、それをまとめた本も一冊出している（『少女まんが魂』白泉社）。編集者だった時代は作家のインタビューの聞き手を務めることもあったし、聞き書きで原稿をまとめることもあった。シンポジウムの司会をすることも多い。つまり下手ではないはずなのだ。

しかし、島﨑さんのインタビューは、私などとは比べ物にならないくらいうまい。

関西弁というのもあるだろうが、とにかくするりと、いつのまにか相手の懐に入っている。たとえ初めて会う人であっても、島﨑さんの笑いを交えた抑揚のきいた質問に答えるうちに、またたくまに警戒心を解き、うちとけた感じになっているのがわかる。すばらしい話術である。

それだけではない。島﨑さんの人物インタビューは、とくに「アエラ」の「現代の肖像」の場合、本人だけではなく、父・母・夫・兄弟姉妹・友人・恩師・仕事仲間……周囲のさまざまな人に綿密な取材を重ね、その人の立体的な像を浮き彫りにしていく。その中には当然、本人にしてみれば、聞かれたくないこと、「あの人、私のことこんな風に思ってたの？」という心外なこともあるだろう。しかも「アエラ」の「現代の肖像」は、事前の原稿チェックはさせない、が鉄則である。信頼して話しても、どんな記事になるのか、本人にも記事が公に発売されるまでわからない。

筑摩書房の編集者として、島﨑さんのこの前のインタビュー集『この国で女であるということ』の文庫版の担当編集者であった私は、一度島﨑さんに聞いたことがある。

「みんないったいどんな反応なんですか？」

島﨑さんの返事は、「う～ん。最初はみんなショックうけはるみたい。それまで毎日のように親しく話していたのに、記事が発売されたら一週間くらい音沙汰がなくなる。そして一週間くらいたったらお礼の電話がかかってくる」。

記事に書かれた内容を咀嚼するのに、そのくらいかかるということだろう。おそらく自分が見たくなかった自分をも、目の前につきつけられる気がするに違いない。ずっと親身に話を聞いてくれていたカウンセラーにトラウマの核を言い当てられるとか、そういう体験に近いだろうか。要するにツボにあたるわけである。鍼がツボにあたると「ずぅううう～ん」と効く。その瞬間は確かに痛いが、それによって凝りがほぐれる。自分でもわかっていなかった自分の姿が見えてくる。そんな体験なのだろうと思う。

読者としては、どの記事も、「面白い！」の一言。そして濃密。これほど何度もの読み返しに耐える人物評伝もそうはない。

本書におさめられた記事の大半は、雑誌発表時に一度読んだものなのだが、今回また新鮮な気持ちで読み返した。読むたびに、人物の新しい脈動が感じられるような気がする。

たとえば私は筑摩書房編集者時代、上野千鶴子さんの担当編集者で、本書の当該の記事には私のコメントも出てくる。上野千鶴子さんとはもう何十年ものつきあいであり、上野さんの著作はほとんど読んでいるし、上野さんの関連記事も大半は読んでいると思う。それでも、やはり島﨑さんの筆になる上野千鶴子像は新鮮で興味深いのである。それはたぶん、新しい情報があるからだけではない。

島﨑さんは綿密な取材を重ねる中で、どれがその人の本質に届く言葉で、どれが周辺情報に過ぎないかを常に判断して、的確に仕分けしていっているのだと思う。そして、その人の奥底から出てくる言葉、その人の本質につながる言葉だけを掬《すく》い上げる。ここだ！と思ったら、彼女はそこに鑿《のみ》をふるう。カーン！角度が決まる。木片が飛ぶ。決断の一鑿。またカーン！木片が飛ぶ。このように、決断の一鑿・一鑿を繰り返して、実に立体的で無駄のない、しかも濃密な肖像が彫り上げられていく。まるで一刀彫のような肖像だ、と思う。

一刀彫のように、削るところと残すところを見事に振り分け、全体の形が彫り上がったら、今度は繊細な彩色を施していく。島﨑さんはそれを同時にやっているのだ。

ところで、本書のタイトルの候補として一時期、『あなただったかもしれない』というタイトルが上がっていた。それを聞いた時、私は思った。とんでもない！私は逆立ちしても、この中の誰にもなれない！

あとで書名が『だからここにいる　自分を生きる女たち』に決まったと聞いて、そうだよなあ、と納得した。ここで描かれている女性たちはまさに、本書に書かれているような生い立ち・性格・生きる姿勢・周囲との関係・さまざまな経験・アクシデント・苦労をすべて経て、今の位置にいるのだ。それは本書を読む誰しもが得心することだろう。ああ、これだけのことを、こういう姿勢でゆるぎなくやってきたから、この人はこの人なのだ、と。

ここに描かれているすべての女性に共通するのは「規格外」ということだ。かつて、女の地位は「横紙破り」によって向上してきたと上野千鶴子さんは言ったが、その通りだと思う。いまの日本の社会で、女性が評価される基準としていちばん重要なことは、「ほどがいい」ことである。頭が良すぎない、美人すぎない、過激すぎない、主張しすぎない、目立ちすぎない、仕事ができすぎない。

何かの分野において突出した才能があることは、女性の場合は輝かしい未来でなく、苦労の多い未来を暗示する。本書に登場する女性たちも、ここに来るまでにどれほど叩かれ、どれほど理不尽な目にあい、どれほど闘ってきたのか、と思う。しかし、どの女性もそれらの鎖を「振り切って」いる。全力でそれらのノイズを振り切れたからこそ、彼女たちは『だからここにいる』のだ。

全員が「規格外」の中でも、最も規格外なのが重信房子さんである。複雑な国際情勢も絡むこんな面倒でたいへんな取材を、島﨑さんはよくやろうと思ったと思う。さすがの島﨑さんも、重信さんの取材の時には、一筋縄ではいかない苦労をしていた。たとえば取材中、島﨑さんには公安がついていた。最初そう聞いた時には「いくらなんでも…」と思ったが、そうこうしているうちに彼女のパソコンのデータが飛んだ。尾行もついていた。その当時は、家に帰って電話すると、ぶお〜んと変な反響があったという。盗聴されていたのだ。彼女はそれでもベイルートにまで飛んだ。一人で行くのはさすがに——と、私も誘ってもらったが、結局同行はかなわなかった。

それやこれやで重信さんの取材がいかにたいへんだったか、はたで見ていて知っているだけに、島﨑さんの取材の成果が本の形として出版できることになったことが、とても感慨深い。

全共闘や連合赤軍の時代、私はまだ子どもだったので、その頃の重信房子の鮮烈な姿というのは記憶に残っていない。しかし彼女の存在が確実に〈現在《いま》〉とつながっているのはわかる。ここ数十年、私たちはテロという形で、アラブ社会と西欧社会の衝突を目の当たりにしてきた。外交が不得意で内へ内へと閉じこもりがちなガラパゴス日本。その傾向はこのところいよいよ強まりつつある。重信房子はそんな日本に生まれた一つの亀裂だ。その亀裂が今後どう姿を変え、どう位置付けられていくのかは歴史の審判に待つよりないだろう。それは未完の物語として開かれている。

――評論家・明治大学教授

本書は各誌連載に加筆修正をした文庫オリジナルです。
初出媒体は各章末尾に明記しております。
夏木マリ、北村明子、長与千種、北村道子、木皿泉、上野千鶴子
各氏の章は、紀伊國屋書店より二〇一一年七月に刊行された
『〈わたし〉を生きる—女たちの肖像』を基にしました。

幻冬舎文庫

●最新刊
オーストリア滞在記
中谷美紀

ドイツ人男性と結婚し、想像もしなかった田舎暮らしが始まった。朝は、掃除と洗濯。晴れた日には、スコップを握り庭造り。ドイツ語レッスンも欠かさない。女優・中谷美紀のかけがえのない日常。

●最新刊
ののペディア 心の記憶
山口乃々華

2020年12月に解散したダンス&ボーカルグループE-girls。パフォーマーのひとりとして走り続けた日々から生まれた想い、発見、そして希望。心の声をリアルな言葉で綴った、初エッセイ。

●最新刊
猫には嫌なところがまったくない
山田かおり

黒猫CPと、クリームパンみたいな手を持つのりやすは、仲良くないのにいつも一緒。ピクニックのように幸福な日々は、ある日突然失われて――。猫と暮らす全ての人に贈る、ふわふわの記録。

●幻冬舎時代小説文庫
青葉雨 秘め事おたつ三
藤原緋沙子

金貸しおたつ婆の一日は、早朝の散歩から始まる。ある朝、足の不自由な父親とその娘を助けたことから挨拶をする仲に。だが、ここ数日姿が見えず、心配になったおたつは、二人を訪ねるが……。

●幻冬舎時代小説文庫
花人始末 出会いはすみれ
和田はつ子

植木屋を営む花恵は、味噌問屋の若旦那殺しの下手人として疑われる。そんな花恵を助けたのは当代随一の活け花の師匠・静原夢幻だった。花をこよなく愛する二人が、強欲な悪党に挑む時代小説。

だからここにいる

自分《じぶん》を生《い》きる女《おんな》たち

島《しま》﨑《ざき》今日《きょう》子《こ》

令和3年2月5日　初版発行

発行人――石原正康
編集人――高部真人
発行所――株式会社幻冬舎
〒151-0051東京都渋谷区千駄ヶ谷4-9-7
電話　03(5411)6222(営業)
　　　03(5411)6211(編集)
振替00120-8-767643

印刷・製本―中央精版印刷株式会社
装丁者――高橋雅之

幻冬舎文庫

ISBN978-4-344-43060-0　C0195　し-46-2

幻冬舎ホームページアドレス　https://www.gentosha.co.jp/
この本に関するご意見・ご感想をメールでお寄せいただく場合は、
comment@gentosha.co.jpまで。